EL

SU

MHUYS

HISTORIA

QA

EL
SU
MHUYS
HISTORIA
QA

EL MHUYSQA

SU HISTORIA

ARMANDO ROSERO

CEIL

CREATIVIDAD

EDITORIAL

"La tierra provee lo suficiente para satisfacer las necesidades de cada hombre, pero no la avaricia de cada hombre".

M. Gandhi

EL
SU
MHUYS
HISTORIA
QA

Contenido

SEGUNDA PARTE

Introducción

En el pasado las primeras migraciones que llegaron a la Sabana-en el caso del poblamiento Andino- posiblemente fueron entrando por la ruta del oriente, donde se ubicaron las antiguas poblaciones de Choachi, Fómeque, Ubaque, Chipaque, Caqueza, Quetame, Fosca, Une, Chuntiba (Gutiérrez) y Guayabetal. Como una prueba toponímica del pasado que empezó hace miles de años, los pioneros, fueron dejando petroglifos y jeroglíficos en inmensas piedras a lo largo del camino.

El Mhuysqa, recorrió un largo camino por la historia humana, antes de llegar a ser los primeros indígenas que habitaron la sabana de Bogotá. Esta es una versión diferente de las historias que nos han contado de la conquista. Pasaron quinientos años, dos guerras mundiales y una multitud de guerras locales para cuestionar el Derecho de Conquista que aún sigue vigente y permitido a los Estados con poderosas máquinas de guerra, aniquilar pueblos, razas y culturas.

Por esto, después de las hecatombes bélicas que hunden a la humanidad en la barbaridad, los pueblos del mundo expidieron la «Declaración Universal de los Derechos Humanos», para que respetáramos la diversidad cultural y superemos las diferencias mediante el diálogo y los acuerdos de paz.

«El Mhuysqa» propone dejar el urbanismo obsoleto limitado por una ciudad de cemento y propone una Bogotá distinta, otra manera de ver y de sentir la ciudad. Involucra a todos los municipios que la rodean. Incluye el ecosistema de cerros, ríos, páramos y lagunas, indispensable para proteger el equilibrio de la vida, en cuanto su cultura destaca el cuidado del agua y la producción de alimentos, en armonía con el ecosistema y la diversidad cultural y geográfica.

La historia de los pueblos hispanoamericanos no empieza con el arribo de los españoles, sino con la llegada de los primeros nómades cazadores y recolectores llegados hace veinte o cincuenta mil años atrás, procedentes de varios puntos de la tierra con nuevos productos y conocimientos provenientes de regiones distantes, que llegaron por las vías fluviales, desde el océano Atlántico; de los cuales, solo tenemos evidencia arqueológica, de cazadores recolectores que habitaron los abrigos rocosos, en la Sabana de Bogotá hace doce mil quinientos años. Es por eso que esperamos concluir una investigación que viene de años atrás con el propósito de dar a conocer el recorrido de la civilización Mhuysqa.

El Mhuysqa describe, en la primera parte: el arribo de los españoles relatado por los cronistas que vinieron en las primeras expediciones y que pese a sus prejuicios religiosos son las únicas fuentes y referencias que poseemos para conocer el idioma, la cultura, y la raza de los primeros pobladores de la Sabana.

En la segunda parte se describe la formación de la cultura Mhuysqa, civilización que floreció en la antigua Colombia entre el 600 y el 1600. Su territorio abarcaba lo que hoy en día es Bogotá y sus alrededores. Reconocida a nivel mundial debido a la leyenda de «El Dorado» dejando así un importante legado artístico en su magnífico trabajo de orfebrería, incomparable con otras culturas de las Américas.

El Mhuysqa fue concebido para ser una obra de consulta, para estudiantes, maestros, investigadores y funcionarios especializados en la promoción de la Educación, el turismo y la cultura. Asimismo, es una obra de referencia para cualquier persona que desee conocer la historia de Bogotá y puede ser aprovecha por guionistas, directores, escritores y cineastas para plasmarla visualmente en videos documentales que muestre los principales hallazgos obtenidos y de esta forma llegar a un amplio público de espectadores de diferentes niveles educativos, así alcanzar un cubrimiento nacional e internacional que beneficiará la imagen y desarrollo turístico y cultural de Bogotá y de los municipios aledaños que aún conservan caminos de piedra, lugares con piedras pintadas con jeroglíficos, paisajes, cosmovisiones, artesanías, piedras grabadas.

INTRODUCCIÓN

En Colombia El Estado reconoce el derecho de cada visión y garantiza la actualización, creación y puesta en escena de nuevas memorias, que renueven y actualicen los repertorios simbólicos de los procesos culturales.

Con la información recopilada en este libro- a futuro- se propone hacer, Rutas Pedagógicas que posibiliten a los maestros y estudiantes de la capital interactuar con los Municipios aledaños, que aún conservan caminos de piedra, ubicados en los sitios arqueológicos y reconocer la flora y la fauna de aquellos lugares descritos en el libro. Al tiempo que fomenta las actividades turísticas en los lugares ubicados en la ruta Mhuysqa, donde los atractivos arqueológicos y educativos más relevantes son los caminos, paisajes, ríos, cerros, lagunas, termales, Hoteles, Iglesias, y restaurantes, entre otros.

EL

SU

MHUYS

HISTORIA

QA

PRIMERA PARTE

Las tierras quedaban tan exhaustas como los trabajadores: a las tierras les robaban el humus y a los trabajadores los pulmones, pero siempre había nuevas tierras para explotar y más trabajadores para exterminar.

"Las venas abiertas de América Latina" (1971)
Eduardo Galeano

EL
SU
MHUYS
HISTORIA
QA

Inyquy Suachie

Llegaron los hijos del Sol y la Luna

Al frente de los ciento ochenta españoles, míseros, flacos, desgarbados, y enfermos, iba: Don Gonzalo, el conquistador de la naturaleza y de los indios, con la muerte siguiéndole los pasos, como su propia sombra, dejando tras de sí, una estela de cuerpos en el camino; alimento de los hambrientos, de los agonizantes y de las fieras al acecho. Don Gonzalo Jiménez de Quesada, descendiente de judíos conversos[1] nació en Granada o Córdoba en el año de 1499. Cursó la carrera de Derecho en la universidad de Salamanca. Se embarcó en el puerto de Sevilla con rumbo a las Indias a mediados del año 1535, y llegó a Santa Marta con la expedición organizada y financiada por: Don Pedro Fernández de Lugo. [2] Junto a: Don Gonzalo, venía su hermano, Hernán Pérez de Quesada, ocupando el puesto de alguacil, famoso en la conquista. El capitán, Juan de Céspedes, baquiano con diez años de experiencia en expediciones por estas tierras, hábil explorador de las rutas del sur; también el Capitán Pedro Fernández de

---

[1] Juan Friede opinaba que Jiménez de Quesada era descendiente de Judíos conversos, porque en el episodio contra Lázaro Fonte se puso tan molesto porque lo llamó "confeso", que lo condenó a muerte; en el consejo de indias aseguraban que el licenciado descendía de "reconciliados"; en la travesía Jiménez dio el nombre de La Tora al pueblo indígena de Barrancas bermejas, en memoria de La Biblia donde transcriben el viejo testamento y en el momento de la fundación de Santa Fe de Bogotá mandó a construir doce bohíos en honor de las doce tribus de Israel. Avellaneda Navas José Ignacio (1995):296

[2] De la Torre y del Cerro José. Gonzalo Jiménez de Quesada. Registro Municipal. Tomo VI-1936. Pág. 338-341. Avellaneda Navas José Ignacio. La expedición de Gonzalo Jiménez de Quesada al mar del sur y la creación del Nuevo Reino de Granada. Banco de la República. Ed. Guadalupe .Bogotá. 1995. Nota 1. Pág. 3

Valenzuela, conquistador de las minas de esmeraldas «*Señor de So-mondoco*». Después de la conquista volvió a España donde se hizo Sacerdote. El capitán Lázaro Fonte, nacido en Tenerife, experto en la lucha contra los moros, (el cual gastó toda su fortuna comprando una Nave y reclutando 150 hombres que trajo a la conquista). Receloso de Jiménez de Quesada, intentó cuestionarlo por su origen judío y mal reparto del botín; estas recriminaciones al jefe de la conquista, consi-guieron que Jiménez, lo sentenciara a muerte. Pero gracias a la opor-tuna intervención de sus compañeros, le conmutó la pena por el des-tierro, y estando en esa situación, a punto de ser muerto por los gue-chas Mhuysqas, fue salvado por la hija de un cacique, que convenció a su gente, diciendo que por ser amigo del Mhuysqa lo habían expul-sado de aquel lugar.

Recuperado de internet: https://sevilla.abc.es/andalucia/cordoba/sevi-descubre-conquistador

Junto a: Don Gonzalo, los seguían: el capitán Juan del Junco, y segundo en el mando después de Quesada, veterano en la expedición del río de la Plata; el capitán Antonio Lebrija, y el tesorero real, ex-perto en expediciones por el río magdalena, el capitán Juan de San Martín, contador real y el capitán Gonzalo Suárez Rondón, experto en las guerras de Italia, (después de estar preso fue enviado en una nave con destino a Cartagena, donde iban los hermanos de Jiménez de Quesada, Francisco y Hernán, culpables por atroces crímenes co-metidos en la conquista). Estupefacto, el capitán Gonzalo Suárez, presenció como un rayo mataba a los hermanos de Quesada, y al capitán de la nave, ipso facto. Antonio de Lebrija, escribió y describe muy bien una relación de toda la conquista y de estos acontecimientos allí narrados. Y, por último, enfermo y deprimido, venía el capitán, Juan de la Madrid, muerto en el camino.[3]

Recuperado: https://historia.nationalgeographic.com.es/a/corsarios-asalto-a-galeones-espanoles_9038

Algunos de los capitanes que acompañaron a Quesada en la conquista, eran verdaderos "Baquianos" con experiencia en las guerras de Europa. El título de baquiano significaba tener un gran conocimiento en el arte de la guerra y de las costumbres indias.

Simón, los define así: "Son los que sacan del aprieto al capitán, los que aconsejan a propósito, rastrean, caminan y no se cansan, cargan lo que se ofrece, velan, sufren hambre, sed, sol, agua y serenos sin achaques, saben ser espías, centinelas camuflados, echar emboscados, descubrir y seguir, marchar con cuidado, abrir los caminos, no les pesan las Armas, ni huyen del trabajo, buscan y conocen las comidas silvestres; hacen puentes y ranchos; el sayo de armas, la rodela y el alpargate, pelean al uso de aquellas guerras, sin que les dé terror y espanto". [4]

---

[3] Los nombres con sus cargos fueron tomados de la obra de: Avellaneda Navas José Ignacio(1995): Pág. 8

[4] Fray Pedro Simón. Noticias Historiales (1953) Volumen 1. Pág. 85.

Recuperado de internet: https://es.wikipedia.org/wiki/Baqueano

Don Pedro Fernández de Lugo, verdugo de moros, en las islas canarias, y ahora Gobernador de Santa Marta, había planeado una expedición de tipo militar para llegar al Perú, y hacia los nacimientos del río grande de la Magdalena, donde se creía se llegaba al país de los Incas y al mar del sur.[5] Jamás pensaron que iban a encontrarse con la Nación Mhuysqa, uno de los pueblos más avanzados e importantes del Nuevo continente.

La expedición partió de Santa Marta, el cinco de abril de 1536, bajo el mando del licenciado Gonzalo Jiménez de Quesada. Este que hacía poco había llegado, en comparación a los *Baquianos*, se mostró confiado y seguro de su cargo. Esbelto, de gallarda disposición, frente amplia y prominente, nariz recta y mirada de conquistador, no se necesitaba preguntar, quién era, para saber quién tenía el mando. Sobresalían sus dotes militares, su energía, su entereza, y su férrea e indomable voluntad de vencer a todo trance, sin miedo a nada, ni a nadie.[6] Su lema preferido era: «Tengo por gloria la muerte en la demanda, antes que la vida con deshonra».[7]

---

[5] Avellaneda Navas José Ignacio. Op. Cit. Pág.8.

[6] De la Torre y del Cerro José. Op.Cit. Pág.339

[7] Crisóstomo García Juan. Gonzalo Jiménez de Quesada. En, Nicolás Bayona Posada. El Alma de Bogotá. Edición de 1938. Conmemoración del centenario. Segunda edición

Era la representación perfecta de la ideología española durante la conquista; de la (prisci hispani), del «hijodalgo», descendiente de los godos que expulsaron a los primeros invasores Romanos, y después a los Bárbaros, de donde nació su reciedumbre y capacidad de sufrir, nacido y forjado con el lema: "La guerra es digna de alabanza, cuando la paz deshonra".[8]

El soldado Español que se enroló en la conquista, era el resultado reciente de trescientos años de guerra contra los moros. Durante generaciones habían sido educados en la costumbre de "guerra santa" en donde los enemigos eran infieles, que había que pasarlos por las armas sin misericordia, como sucedió en la toma de Málaga, donde once mil personas de ambos sexos y de todas las condiciones y edades, de la más fina educación, se vieron repentinamente arrancadas de sus hogares, separadas unas de otras y sujetas a esclavitud, aun después de haber ya pagado la mitad de su rescate, a participar en tales acontecimientos.[9]

Desde finales del siglo trece, hay formulaciones legales que contemplaban la cobardía manifiesta, como una de las causas posibles de reducción a servidumbre[10]; por esto, el soldado español, nunca podía ser cobarde en la guerra, antes bien, debía morir o pasar a la condición de siervo.

Los hombres que se embarcaron en la aventura de la conquista no tenían nada que perder a excepción de su propia vida, y por ganar fama, poder, honores y riquezas. No lo pensaban dos veces. Para estos hombres su creencia vital, su verdadera religión era: "Tengo por gloria la muerte en la demanda, antes que la vida con deshonra". Por esta fe inquebrantable de alcanzar la gloria, mediante la conquista de una rápida fortuna de proporciones fantásticas, se empeñaron en las penosas travesías, que hicieron posible las conquistas de los pueblos indígenas de América. Vinieron "Porquerizos, mozos de cordel, escapados de la justicia, algún licenciado, algún hidalgo, levantados

---

Villegas editores. Bogotá. 1988. Pág. 33

[8] Juaristi Jon (2001) El Bosque originario: 264. Refiriéndose a la formación ideológica de los españoles del siglo XVI.

[9] Isaacs Jorge (1884): 112 .Siguiendo a Washington Irving.
Vida y viajes de Cristóbal Colon.

[10] Juaristi Jon (2001): 271-272

todos, en lucha con lo desconocido."[11] Todos esperando que la fortuna les brindara una oportunidad, como realmente sucedió a muchos. Pero a otros el destino les deparo la muerte o su transfiguración en: hombres fieros, ásperos, vengativos, crueles e indigestos; se tendían celadas, se degollaban, envenenaban y apuñaleaban. Se preparaban durante meses y años en el manejo de las armas para vencer en el duelo a sus rivales, ávidos, codiciosos; asomándose al abismo de sus conciencias y en donde el espíritu se resiste a aceptar el testimonio de la historia.[12]

Los conquistadores traían a su favor las armas más avanzadas de la época. Por una parte, la genética bélica, pues eran paridos en medio del fragor del combate contra los moros. Por la otra, la educación militar. Desde niños eran educados para la guerra, eran por naturaleza, guerreros. Conocían el efecto devastador de la pólvora, los cañones, el mosquete, la protección de la armadura de hierro, la espada de acero de doble filo, la ballesta, las hachas, picas y lanzas de metal. Manejaban con destreza las jaurías de perros devoradores de carne humana y los caballos zainos entrenados para embestir, derribar y matar.

Recuperado: https://academiaplay.es/a

Algunos sacerdotes, cronistas, funcionarios e intelectuales que llegaron con los expedicionarios, traían una razón de guerra sagrada que les permitía avanzar, doblegar, matar y esclavizar. Es decir, co-

---

[11] Nieto Caballero, Luís Eduardo (1984): 167
[12] Palma Ricardo (1906): 291

nocían hasta donde podían, los mandatos de Francisco de Vitoria y de San Agustín: "Por la guerra, la paz es conservada y, la insolencia humana reprimida. Por ella a veces, Dios, el mundo aflige, le castiga, le enmienda, y le corrige; el soldado, es un ángel sin pecado, por donde en justa guerra permitida, puede la airada vencedora, herir, prender, matar en la rendida y hacer al libre esclavo y obediente; pues, el que es señor y dueño de la vida, lo es ya de la persona y justamente hará lo que quisiere del vencido, que todo al vencedor le es concedido".[13]

Antes de cualquier combate escuchaban con devoción la santa misa, se confesaban y comulgaban. En actos piadosos, que los ponía en comunicación con Dios. Después iban a someter a los infieles indios en sangrientos combates. Con excepción del licenciado y los capitanes mencionados, la mayoría de los soldados que venían en la expedición, pertenecían al común de las gentes o eran plebeyos que en su tierra pagaban impuestos de pecho.[14] Pero dadas las circunstancias en que llegaron, después de una cruenta expedición de once meses en lucha contra la naturaleza y el hambre, no tuvieron opción. «No solo se comían toda la carne, tripas y cueros y partes impúdicas de los caballos que se morían, sino que no había sapo, ni culebra, ni otro animal venenoso e inmundo que no probaran, y no era esto lo que hacían con la rabia del hambre, sino que andaban con cuidado sabiendo si se había quedado algún hombre muerto por el camino, para traerlo y, a pedazos, se lo llevaban y guisándolo con el mayor secreto que podían, para excusar de huéspedes la comida. Calmaban su hambre, es decir, la paladeaban con la carne mortecina de sus hermanos y llegó esta desventura a tanto, que ya cada uno miraba con cuidado su persona, temiendo de sus propios compañeros no les forzase el hambre a darles la muerte para hacerlos su plato».[15]

Los ciento ochenta españoles sobrevivientes, míseros, flacos, desgarbados, y enfermos; de súbito fueron elevados por los nativos a la categoría de "SuaChies" dioses, hijos del sol y la luna, aclamados, por miles de indios que les tendían mantas y quemaban moque (in-

---

13 De Ercilla y Zúñiga, Alonso (1569) (1998):952,953.

14 Avellaneda Navas José Ignacio (1995) Op. Cit. Pág.290

15 Simón (1953) Vol. I. Pág.195.

cienso) a su paso y les obsequiaban ofrendas de oro, esmeraldas y alimentos. Nueva situación que los envaneció y ebrios de poder y gloria, reclamaron ser «hijodalgos notorios» Esto es, que si se comportaban como «hijodalgos» —sin necesidad de pertenecer a la nobleza Española—, se les debía tratar como nobles, porque se les notaba la hidalguía, aunque no tuvieran títulos que mostrar.[16]

Un sentimiento sobrehumano sintieron los españoles al percatarse del poder adquirido y del terror y horror que infundían a los indios: "Hubo indios que viéndolos, se quedaban como pasmados, sin poder moverse del lugar que les cogía la visión. Otros se arrojaban al suelo y pegaban el rostro a la tierra para no verlos, y no había remedio para hacerlos levantar la cabeza, aunque les mataran allí, tal era el temor que cobraban."[17]

En un instante, los desesperados por el hambre, los flacos, desgarbados y cadavéricos, con pocas esperanzas de vida, fueron imbuidos de un poder que jamás habían tenido; con toda seguridad creyeron que eran dioses conquistadores.[18]

Desde un principio los capitanes veteranos y baquianos comprobaron que los indios moscas, —como empezaron a llamarlos por deformación de la palabra Mhuysqa y por qué salían tantos a verlos, como enjambres de moscas—, "son gente de paz y no de guerra, porque aunque son muchos, son de pocas armas y no ofensivas."[19]

Los suachies siguieron el camino de la sal, que los había traído desde las selvas del magdalena. Pasaron por Chipatá, labranzas del Zipa, siguieron por Ubasa, Sorocota, Turca, Guacheta, Lenguazaque hasta Suesca. Por todas partes salían en bandadas y corrían a verlos y les traían abundancia de comidas de cuanto ellos tenían como venados vivos y muertos, tórtolas, conejos, curíes, —que son cierta especie de conejos—, palomas, de todo lo cual abunda en esta tierra, con mucho maíz, frisoles y raíces".[20] En Sorocota, el grupo de conquistadores tuvo serios problemas. Sucedió que mientras pernoctaban en

---

[16] Avellaneda Navas José Ignacio (1995) Op. Cit. Pág.292

[17] Simón Pedro (1625)(1953) Volumen I:266

[18] Como lo advierte -sin proponérselo- el propio Licenciado, comentando su condición de Suachie.Jiménez de Quesada, Gonzalo (1548)(1979) Epítome:87-88

[19] De San Martín Juan y Antonio Lebrija (1539)(1960) Relación:197

[20] Simón Pedro (1953) Vol. I. Pág. 282

los pueblos, las niguas se les fueron introduciendo por las manos y en los pies: «Que son unas pulguitas muy menudas, saltironas como las ordinarias, métanse entre el cuero y la carne y allí se ceban, aovan dentro de un pellejillo redondo que hacen y van creciendo hasta hacerse como garbancillos y dentro lleno de guevezuelos blancos al modo de liendre, dando muy gran comezón mientras no las sacan».[21]

Eran muchos los afligidos por las niguas, hasta tal punto que no podían caminar, por lo que el General ordenó detener la marcha y resolver la epidemia de alguna forma.

Visto de las dificultades que estaban pasando los «dioses suachie». Las indias más hermosas de la comarca, se acercaron a darles el remedio. Llegaron sigilosas hasta donde estaban y, «con unos topos que son unos alfileres largos que ellas traen, con que se prenden las mantas de algodón, con que andan todas cubiertas hasta los pies, sin dejar descubierto más de su cuerpo que los brazos y la cabeza, los disponen con estos topos, de oro o de plata».[22]

Después de este primer encuentro afectivo y efectivo, en que los españoles quedaron curados y pudieron andar, entonces se estableció una amistad entre los suachie y las indias, que probaron ser hábiles enfermeras. La ayuda oportuna que prestaron las Mhuysqas a los españoles, contribuyó a la integración racial, al mismo tiempo las mujeres deslumbradas, por la arrogancia de sus nuevos dioses, comenzaron a seguirlos como en una procesión, sirviéndolos, cuidándolos y aprendiendo su lengua.

Recordemos que en el valle de opón, se libraron de una emboscada mortal que les tendieron los indios de la comarca, gracias a la oportuna traición de una india despechada del amor del cacique, los puso sobre aviso, pudiendo así salvar a tiempo sus vidas.[23]

Muchas indias que habían aprendido el español, los acompañaron en la expedición desde Santa Marta, y a los españoles no les costó ningún trabajo asimilar rápidamente el chibcha. "Por el común trato que tenían con algunas indias moscas que se venían de mucha amistad a los nuestros; salieron muy buenas lenguaraces en ambas lenguas

---

[21] Ibíd. pág.268-269
[22] Ibíd. pág. 269
[23] Ibíd. Capítulo XXXII. pág. 235-240

castellana y mosca que no fueron de poca importancia, en adelante seguir de intérpretes en las cosas que se ofrecían con los indios".[24] Ellas fueron las primeras que enarbolaron la consigna: *Hagamos el amor y no la guerra.*" Simón así lo confirma, cuando resalta el momento de profundo dolor, tristeza y llanto, que embargó a las mujeres de Tisquesusa, pasadas al campo español, al enterarse de su muerte, que más adelante se relatará: "Las que recibieron con notable pena, así de su muerte, como que hubiere sido tan desgraciada, con quien pensaban que se harían amigos y con ellas, las de todo un pueblo."[25]

También se relata el caso de la princesa Mhuysqa: "Algo sagaz de nuestra lengua, por haber andado con los nuestros desde la primera vez que llegaron a Bogotá.[26] Ella en un espectacular acto de amor y devoción por el capitán Lázaro Fonte. Lo siguió sola hasta su destierro e intercediendo ante los guerreros del pasca, le salvó de una muerte segura, mediante una hábil estratagema surgida de su ingeniosa palabra. Simplemente, le cambio su incómoda situación de agresor «suachie», a la del salvador". Más tarde, el apuesto capitán agradeció, la ternura de la princesa y la solidaridad de los Mhuysqas que le salvaron la vida.[27]

El 12 de marzo de 1537 entraron a Guachetá en donde hicieron las cuentas del tiempo que llevaban caminando desde que salieron de Santa Marta y corroboraron que era once meses y seis días.[28] Los restos de la expedición sobreviviente que entraron a Suesca, eran ciento cuarenta hombres de a pie y treinta de a caballo, y numerosos indios e indias que desde Santa Marta los seguían en calidad de servidumbre, y muchos indios moscas que se les habían unido creyéndoles desde el principio, sirviéndoles con el suministro, y transporte de las cargas y a alimentos. Quesada trató de mantener la paz con los

---

[24] Simón Pedro (**1953**) Vol. II Pág.8

[25] Simón Pedro (**1981**) Tomo III: Pág. 276

[26] Ibíd. (**1981**) Tomo III: Pág. 316

[27] Durante la dominación que siguió a la conquista Lázaro Fonte se dedicó a torturar, violar, asesinar y matar a los indefensos indígenas Mhuysqas. En un cuadro macabro, con engaños metió en un cercado a treinta indígenas, niños, jovenes, adultos, mujeres, y hombres principales y les soltó los perros hasta que los mataron. Cercenaba a los indios de cualquier sexo y edad que no le daban oro con un alfanje que siempre llevaba al cinto. Avellaneda Navas José Ignacio (1995): 103.

[28] Simón (**1953**) Vol. I: pág.271.

indios ordenando: "Con pena de la vida que ningún español de cualquier calidad o condición que fuese, se atreviese a entrar en las casas y labranzas de los indios que estuviesen de paz, ni que se le tomase cosa alguna, aunque fuese de comer." [29] Sucedió que el soldado Juan Gordo, tomo unas mantas que le dejaron espantados unos indios al verlo y salieron corriendo a decirles a los intérpretes que se les habían quitado de sus manos. De inmediato, Quesada hizo ejecutar su mandato, condenando al culpable a la pena del garrote que consistía en ponerle un aro al cuello e ir apretando un tornillo hasta causar la muerte por asfixia.

A pesar de los ruegos y clemencias que le solicitaron los capitanes y soldados de la tropa, Quesada no cedió. Sabía que si no ponía un ejemplo sin precedentes de autoridad y determinación, la insubordinación y la anarquía serian el resultado de su benevolencia. Seguidamente, Quesada ordena continuar hacia Bacatá, deseoso de encontrar cuanto antes a Tisquesusa, el cacique principal de los moscas y de sus tesoros.

Recuperado de internet: https://historia-biografia.com/gonzalo-jimenez-de-quesada/

---

[29] Ibíd. Pág. 283

EL
MHUYS
QA

SU

HISTORIA

Zaitania

El tiempo del principio del mundo

Remontemos el vuelo en forma de ave bajo un cielo azul sin nubes sobre la sabana y, en cambio, de la ciudad de Bogotá, veamos la imagen de la gran laguna que existió perdiéndose en los confines del horizonte. Paisaje antiguo que también se puede contemplar desde la cima de uno de los cerros orientales que rodean la ciudad.

No conocemos, la historia ecológica de la sabana de Bogotá desde el principio del mundo, inundada por el mar, sin montañas ni cerros. De súbito, surgiendo la gran cordillera de los Andes, con sus montañas imponentes, cerros y páramos, en medio de un gran cataclismo, entre efusiones e intrusiones de magma, tormentas eléctricas y diluvios, con infinidad de volcanes activos y chorros de agua hirviendo.

Los antiguos Mhuysqas percibieron este acontecimiento que consignaron en sus mitos e idearon una palabra para referirse a los tiempos del principio del mundo, tiempos antiguos o remotos que designaron con la palabra "Zaitania."[30]

Los científicos que han estudiado la antigüedad de las rocas y capas del suelo de la sabana de Bogotá y sus alrededores, han descu-

---

[30] "Zaitania", Palabra Mhuysqa que significaba tiempo antiguo o desde el principio del mundo. Anterior al ideofonograma: "Saskyhyna", la primera edad de los primeros ancestros, encontrada por Mariana Escribano (2005) La Simbólica del Paleotegría Mhuysqa: 144. Zaitania con el significado del principio del mundo aparece en : Uricoechea Ezequiel (1871) Gramática, Vocabulario, Catecismo i Confesionario de la lengua Chibcha:113 y, en la Gramática del Monje anónimo analizado por : González María Stella (1987) Diccionario y Gramática Chibcha: 189; comentado por: Rozo Gauta José (1997) Espacio y tiempo entre los muiscas:93

bierto que el levantamiento de la cordillera de los Andes comenzó en la era geológica, conocida con el nombre de «Eoceno» palabra griega que significa: "Aurora de lo nuevo", hace unos 75 millones de años, antes del presente, cuando se extinguieron los dinosaurios.[31]

Recuperado: https://es.wikipedia.org/wiki/Sabana_de_Bogota

El levantamiento de la cordillera oriental, empezó en las profundidades de la tierra, concretamente en la interacción del suelo del océano conocido con el nombre de "placa del pacífico" en subducción con el suelo del continente, conocido con el nombre de "placa suramericana", causantes en el pasado y en el presente de las "Fallas geológicas" que causan los temblores y terremotos que hoy nos sumen en la incertidumbre y prueban la fragilidad de nuestra humanidad, frente a las imprevisibles decisiones de la naturaleza.

Cuando los continentes no estaban separados por los mares era una masa compacta llamada "Pangea", estaba rodeada por el mar primitivo y América del sur permanecía unida al África.

En millones de años de cataclismos planetarios y convulsiones geológicas, los continentes comenzaron a separarse, dejando en medio, inmensas masas de agua, que formaron los océanos, y pequeñas y colosales islas, una de las cuales se cree fue la Atlántida donde se desarrolló una fulgente civilización que finalmente desapareció en medio de un cataclismo que hundió la isla.

---

[31] Van Der Hammen T. (1992) Historia, ecología y vegetación: 217; y
Gerth, H.(1955)citado por Esperanza Yarza (1988) Volcanes de Iberoamérica: 64

En el norte de la sabana de Bogotá se formó una especie de bahía en que el antiguo mar depositaba «sal» formando domos que van a constituir las futuras minas de sal de zipaquirá.

Más adentro, se acumularon arenas de playa que compactándose en millones de años formaron los cerros de Bogotá, talados y abiertos como canteras que han sido y son utilizados desde la colonia —pues en la época Mhuysqa no se permitía tocar ni una hoja—, para extraer materiales y edificar la ciudad.

En un dedicado trabajo de Historia Urbana, Carlos Martínez reconoce la importancia de los cerros orientales en la construcción de la ciudad. Dice: «Se inició la fabricación de ladrillos, tejas y vasijas diversas; los cerros, entregaron piedras calizas y, quemadas al aire libre, se transformaron en cal y arenas de peña, se prepararon morteros (mezcla utilizada en construcción), los cerros suministraron la piedra para cimientos y para muros de calicanto y las tierras arcillosas para adobes y tapias. Los bosques de los cerros dieron leña para cocinas y tejares, carbón vegetal para las primeras herrerías y fundiciones, asimismo todas las maderas empleadas en las construcciones. La paja trabajada en cuanes o tomizas surtió de sogas, cuerdas y cordones diversos. El chusque, gramínea de las tierras altas y los cuanes fueron materiales básicos en la construcción de entramados y muros de bahareque».[32]

En los alrededores de la sabana, entre extensas zonas pantanosas, se fueron acumulando, semillas, hojas, ramas, troncos, tallos, musgos, aprisionados en capas superpuestas, año tras año, formando las turberas que además de convertirse en minas de carbón, nos relatan la historia climática y vegetal de varios millones de años.

Pero, en la era cuaternaria, a finales del Mioceno (menos nuevo) los científicos comprobaron la aparición de cambios en el clima cada 100.000 años, con estaciones muy frías, que denominaron glaciares y otros períodos intermedios que denominaron interglaciares.

Hammen[33]opina que entre la ocurrencia de cada uno hubo un intervalo de casi dos millones y medio de años, con cerca de 25 ciclos principales, glaciar, interglaciar, generados por el movimiento del

---

[32] Carlos Martínez (1983):32 Bogotá. Sinopsis sobre su evolución urbana.
[33] Hammen (1992): 40

sistema solar a través de nubes de materia interestelar que impide el paso de los rayos del sol, provocando los enfriamientos de la tierra.

Durante los glaciares, la gran laguna de la sabana y los cerros se congelaron mostrando un paisaje yermo, frío y desolado. De pronto era sacudido y resquebrajado por las explosiones de los volcanes nevados del Ruiz, Tolima y Santa Isabel, desprendiendo mucha ceniza que llegaba hasta la sabana, en las corrientes del viento que venían por el este, descendiendo y depositándose en el fondo de la gran laguna y sobre los cerros. Las cenizas que, mezcladas con el humus de la vegetación del páramo y del bosque, constituyó una capa de suelo oscuro de 50 a 150 centímetros de espesor, suelo muy fértil llamado Ándico o Andisol, que pudo formarse hace unos cien mil años en la sabana y en las montañas, páramos y valles aledaños.[34]

Recuperado: https://www.rcnradio.com/colombia/region-central/asi-luce-el-salto-del-tequendama-en-la-cuarentena

Mientras, en el fondo del mar, la placa tectónica del pacífico volvió a presionar la placa del continente, creando una nueva comprensión que fracturó y plegó la región, formando los ramales de montañas y cerros del oriente. Y también brotaron chorros de agua hirviendo que culminaron en los pozos de aguas termales que hoy conocemos en: Tabio, Nemocon, Chocontá, y sobre la cordillera oriental, en:

---

[34] Hammen (1996): 12-13

Choachi, Guasca y Gacheta que el Mhuysqa llamo: "Etasisque"[35], pozos de agua caliente. Todo esto lo percibieron los Mhuysqas de Bacata en "Zaitania", el tiempo del principio del mundo. Según sus creencias, por obra del dios Chiminigagua, la luz que inició la creación de todas las cosas y con el aliento de unas aves negras que iluminó el mundo con aire lúcido y resplandeciente. Creo el sol y la luna y de su unión nació Bochica. Mientras tanto, en las aguas primordiales de Guaia, en una laguna escondida entre los cerros de Iguaque, emergió Batchue, la diosa de los pechos desnudos, llevando a su hijo esposo para poblar la tierra.

Según la Semióloga e Historiadora Mariana Escribano: **"Chiminigagua"** no era solamente la palabra mágica para designar al creador de todas las cosas, sino la raíz, el principio, el origen del idioma chibcha. Según la paleotegría básica, de donde surgen todas las palabras con sus posibles significados en la lengua «báculo» de los Mhuysqas.

Mientras nosotros tratamos de encontrar un significado acorde con las transcripciones que hicieron los viejos cronistas y los monjes traductores de la lengua Chibcha, entendemos que "Chiminigagua" puede provenir de "Chi" (pronombre) que significaba: Nuestro. Mini, distorsión de "Myia" que significaba: oro, y en este caso, luz dorada; y, Guagua, hijo o posible distorsión del verbo: "zgasgua", hacer una cosa, producir, engendrar. Concluyendo que la palabra "Chiminigagua" podría traducir: "Nuestro creador dorado de todas las cosas", que bien puede ser una metáfora alusiva al Sol, principio de luz y vida sobre la tierra.

[36] Mariana Escribano, en el Paleotegría Mhuysqa, nos demuestra que Chiminigagua es mucho más que una simple traducción de palabras chibchas al castellano. Porque en la semiogénesis de la palabra es un símbolo del hijo creador y al mismo tiempo la palabra sagrada

---

[35] Eta= pozo. En, Acosta (1938):33 y Sisque= agua caliente, en: versión del monje anónimo.González María Stella. Diccionario y gramática chibcha (1987) Op.Cit: 178.Una población de cundinamarca lleva el nombre de Sesquilé. Mariana Escribano (2000) Cinco Mitos: 96 deduce que la palabra Sesquilé proviene de "Shysqui", Cabeza, para significar que la población era la cabeza de los reinos de la cultura del agua.
[36] El significado de las palabras se puede corroborar en la Gramática del Monje Anónimo. González de Pérez (1987):284, 286, 269. Y en Rozo Gauta (1997):20-24.

o fundamental de la lengua báculo, fórmula maestra del paleotegría Mhuysqa. Síntesis de la expresión abstracta y concreta del universo, «que para los mhuysqas», les revela los momentos decisivos de la creación del universo, la tierra y el hombre.

Interpretar el significado de las palabras chibchas acudiendo únicamente a los diccionarios recopilados por los monjes es una labor necesaria en principio, pero superficial, si conseguimos asimilar los hallazgos que ha descubierto Mariana Escribano en su Paleotegria Mhuysqa, verdadera fuente de sorpresas y conocimientos imprevisibles en la formación de las palabras chibchas y posibles combinaciones que se realizan en un lenguaje polisémico y dialéctico de significados. De otra parte, en los mitos de la creación, se guardaba celosamente, la enseñanza que los maestros iniciados transmitían al pueblo dichas enseñanzas. **Bochica** barba blanca, con su varita de oro, en una tarde lluviosa, tenue de sol, flotando sobre el arco iris, de un golpe, abrió el salto del tequendama para desaguar la gran laguna de la sabana y encauzar la fuerza del río Funza o Bunza, prodigio de dios, hacia la cuenca del magdalena.

Completada su obra. El Gran maestro, decidió que el atlas Chibchacun, varón de la fuerza y autor de la gran inundación, soportara la tierra sobre sus hombros, pero cuando se cansa, se mueve, originando los temblores y terremotos. Explicación para un pueblo que se esmeraba por vivir en armonía con las fuerzas imprevisibles de la naturaleza. Bochica, el sublime protector del pueblo Mhuysqa, el que resplandece por encima del arcoíris, el innovador, el guardián de nuestros cercados, no solo intervino abriendo el boquete del tequendama, por donde se desaguó la gran laguna y por donde se deberán desaguar las sucesivas inundaciones; sino que les enseñó, la agricultura, el arte de cultivar algodón, hilar y tejer mantas y los principios esenciales de su organización social.

Recuperado de internet. https://www.colombia.com/colombia-info/folclor-y-tradiciones/mitos/bochica-el-maestro-de-los-muiscas/

Fue conocido por varios nombres, según las distintas regiones de la Confederación Muisca que visitó. En la provincia de Bacatá (Zipazgo) se le llamó Neuterequeteua, Nemterequeteba, Nemquetheba, Chimizapagua, Chimizayagua, Zuhé, Xué y Zuhá. En las provincias de Hunza (Tunja) y Suamox (Sogamoso) se le llamó Sadigua, Sugumonxe y Sugunsua. También se le llamó Idacanzas, aunque para algunos autores, como José Antonio de Plaza, se trata de personajes distintos, siendo Idacanzas el primer Sumo Sacerdote de Sogamoso, heredero del poder legado por Bochica.[37]

---

[37] https://es.wikipedia.org/wiki/Bochica

EL MHUYSQA

SU HISTORIA

Sumongota.
Fortaleza del cerro

Mientras Tisquesusa y seiscientos guerreros Guechas se preparaban para atacar a los Españoles, Quesada contemplaba en Nemocon[38], la forma en que los indios elaboraban los panes de sal y distribuían a todo el territorio, intercambiando por otros productos en los lugares más alejados. Por el norte hasta el caribe y por el oriente hasta los llanos del Orinoco.

Quesada y los capitanes baquianos, a pesar de todas las demostraciones de paz que habían recibido de los indios, temían de su autenticidad, porque su formación guerrera les tenía prohibido mostrar alguna confianza o bien intuían que algún peligro pudiera venir. Porque pensaban que: "Jamás debe señor menospreciar el enemigo vivo, pues sabemos, puede de una chispa levantar fuego, conque después nos abracemos. Entonces es cordura recelarse, cuando en mayor felicidad nos vemos, pues los que gozan próspera bonanza están aún más sujetos a mudanza".[39] Preocupado por la seguridad de la tropa, Quesada ordeno dividir la caballería, entre la vanguardia y la retaguardia, por ser el arma más poderosa que traían. Tisquesusa observó el movimiento de la tropa. Diviso la marcha discontinua de los españoles. Adelante iban los soldados de a caballo, detrás los rodeleros, ballesteros, arcabuceros, y más atrás, iban en camillas los heridos con cientos de indios cautivos cargando el menaje de bultos y pertrechos de la tropa. Detrás iban algunos jinetes y soldados con licántropos. Tisquesusa ordenó atacar por la retaguardia, primero con los flecheros "quesque", luego con los guechas de macanas "tamisaquy", y por

---

[38] Nimy =Jaguar y Con= apoyo, báculo.

[39] De Ercilla y Zúñiga, Alonso (1569)(1998): 625

último con los lanceros "supqua". Sigilosamente, sin ningún ruido, se acercaron hasta dar encima de los españoles que súbitamente se vieron envueltos entre cientos de indios. El ataque fue repelido furiosamente por los de a caballo que embistieron con tal violencia que era imposible acercarse a uno de estos cuadrúpedos sin sufrir una coz, un espadazo o un lanzazo. En vano trataron los guechas de atacar por las grupas de los caballos sin recibir coces y mortales espadazos. De pronto se les vino encima toda la caballería de los Españoles y comenzaron a sonar truenos y salir rayos de los arcabuces matándolos a distancia, prodigio que espantó a los indios y viendo a sus compañeros destrozados, algunos con sus muños sin manos o apenas con sus cabezas sin brazos, tratando de defenderse de las fieras que se los comían a pedazos; el miedo, el terror, el horror, se apoderó de todos y comenzaron a huir despavoridos hacia Cajicá, donde se encontraba "Sumungota", la fortaleza del cerro.

El empuje de la caballería fue tan veloz que alcanzó al grupo de indios que llevaba en andas la momia de uno de sus mejores guerreros e hiriendo y matando a los que la cargaban, consiguieron estrellarla contra el suelo y volaron sus pedazos esparciéndose por el campo. Los españoles envanecidos por su victoria, se hinchaban de poder encima de sus cabalgaduras; los perros se desgañitaban ladrando y lamiéndose la sangre de los indios. Los mosqueteros llenaban rápidamente de pólvora sus arcabuces, concientes del espanto que producían entre los indios. Todos gritaban: ¡A ellos! ¡Pardiez, que te doy una estocada! ¡Huid, moscas que te reviento con mi arcabuz! ¡Lo tenéis bien merecido! ¡Por el Rey! ¡Por España, nuestra madre soberana! Por el oro que nos espera, ¡Adelante! Los Guechas perseguidos por los ibéricos se aislaron en la fortaleza de Sumongota[40] en las inmediaciones de Cajicá.

Al llegar, los Españoles se detuvieron indecisos ante la imponente

---

[40] El cronista Fray Pedro Simón (1953) Vol. I Pág.293, la identifica con el nombre de Sumongota arrimada a los cerros, ubicada a media legua de Cajicá, en dirección a Zipaquirá. Sumongota, puede provenir de las palabras Sua = Sol; Mongua = baño en el cerro y Ta = labranza, propiedad o lugar reservado; de donde la palabra Sumongota, pudo significar: lugar o fortaleza bañada por el sol. Cajicá = cercado de piedra, proviene de las palabras: Ca = cercado e hyca = piedra .Acosta Ortegón Joaquín (1938). Pág.31, 37

construcción, temerosos de que algo les pudiera suceder y en esta espera estaban los unos apertrechados en su fortaleza y los otros vacilantes, cuando un indio principal, de mediana complexión en comparación al cuerpo de los Ibéricos, pero de esbelta figura, con una fe absoluta en su fuerza y destreza en el manejo de sus armas, campeón de los Mhuysqas en los combates cuerpo a cuerpo; hizo alarde de su fuerza frente a los suyos y avanzó hasta la mitad del campo desafiando a los Suachies, diciendo que si eran tan valientes, que uno solo viniera a medir sus fuerzas con él.[41]

Los Suachie entendieron el reto. De inmediato el capitán Lázaro Fonte gigantesco Canario y el mejor jinete de la hueste, diestro en el manejo del "alfanje" sable ancho y curvo con filo en un lado y doble filo en la punta, espoleó su corcel zaino.

El brioso caballo ante la súbita orden: relincho. Se irguió en sus dos patas traseras y se abalanzó a todo galope como una sombra en pos de la vida del indio. Al otro lado, el impávido Guecha, vio el avance de un monstruo negro de seis patas y dos cabezas blandiendo un pedazo de rayo brillando en el sol de la tarde.

Temblaba la tierra bajo sus pies, mientras la bestia continuaba galopando furibunda. El Guecha debe levantar su lanza, pero su brazo no responde. Intenta hacer un movimiento con sus piernas: ¡Saltar sobre el Monstruo! Pero sus piernas, diestras en el salto rápido, tampoco se mueven. Algo, una fuerza desconocida lo detiene pegado a la tierra como una roca. Es el espanto, el miedo de lo insólito, que ni él ni sus antepasados han visto jamás y como no ha sido reconocido en su memoria, no existe respuesta inmediata. Lo último que ve es una inmensa masa negra pasando junto a él que lo levanta de los cabellos, un zumbido en el aire y un brillo metálico del sol tocando su cuello.

El cuerpo sin cabeza cae de lado rodando como una roca sobre la tierra, hasta la empalizada de la fortaleza Mhuysqa. En tanto, el jinete vuelve grupas para que todos lo vieran, levantó con su brazo izquierdo la cabeza del Guecha y con la derecha blandió su alfanje destellan-

---

41 Fray Pedro Aguado (1916) pág. 266-267 y Fray Pedro Simón (1953) Vol.I: Pág.294 Coinciden en la simple versión que muestra al capitán Lázaro Fonte alzando por los cabellos al indio que los desafió y trayéndole de vuelta donde ellos estaban y que solo por esto, los indios huyeron dejándoles la fortaleza de Sumongota en inmediaciones de Cajicá.

te, gritando energúmeno: ¿Quién sigue?, ¡salgan a ver, uno por uno que yo les corto la cabeza! Después de ir y venir, ensoberbecido en su cabalgadura, parándose en sus dos patas y relinchando de furia, les tiró la cabeza sobre la empalizada. Dentro, todo es admiración y espanto. Ante la extraña lengua que los amenazaba, en un acuerdo, sin palabras, sin mirarse, todos, a un tiempo, emprendieron la huida como liebres, perseguidos por el mismo demonio.

Una parte de la caballería española persigue al Mhuysqa, mientras los demás ingresan a la fortaleza de Sumongota[42] ubicada a una legua de Cajicá. La fortaleza del cerro, bañada por el sol de los Mhuysqas, era cuadrada, y cada lienzo de pared tenía dos mil varas de largo y de alto hasta tres tapias. En el interior tenían rondas cubiertas de paja con corredores para andar como rondas de muralla. Dentro del cercado estaban construidas grandes edificaciones hechas con materiales vegetales y techos de paja, en especial por dentro, porque tenían las paredes y techos aforrados de carrizo delgado y limpio, entretejido uno con otro con hilos de varios colores, y lazos no demasiado curiosos, pero agradables a la vista. Unas casas llenas de macanas, dardos, lanzas, flechas, tiraderas, arcos que tiraban los esclavos panches y que llevaban a la guerra; otras casas estaban llenas de maíz, turmas, cecinas de venados, de animales y otras viviendas.[43]

Mientras llegaban a la fortaleza, el grueso del ejército que se había quedado rezagado con Quesada en Nemocon, contemplando la forma en que los indios hacían los panes de sal y cuidando de los enfermos; Tisquesusa, iba con los restos de su ejército hacia Bacata, pero no por el camino del altiplano que tomaron sus perseguidores, sino por caminos ocultos, entre los cerros y bosques que solo ellos conocían.

Los españoles recuperados en su autoestima, viendo su victoria

---

[42] Sumongota significaba "fortaleza del cerro bañada por el sol" y proviene de las palabras chibchas:Sua = sol; Mon = baño; Mongua = Baño en el cerro y
Ta = labranza, parcela, propiedad, lugar. Acosta Op.Cit. Pág. 37 y 40
[43] Fray Pedro Simón (1953) Tomo I: 294-295 y 300 .El cronista advierte que el General con toda su gente, incluidos indios e indias, estuvo dentro de la fortaleza ocho días, pero nada dice de lo acontecido en este tiempo; por consiguiente, lo que sigue es una representación, de los diálogos que pudieron darse de acuerdo a las experiencias vividas que tuvieron durante la travesía.

como un gran triunfo, resultado de su gran entrenamiento con la muerte, y su capacidad de combate heredada de sus antepasados, estaban satisfechos.

Ente tanto, al ingresar a la fortaleza de Sumongota que Tisquesusa había mandado a construir para avanzar contra los de Hunza. Dentro, estaban los bohíos llenos de armas que usaban los indios, en perfecto orden y bien distribuidos. Otros bohíos los encontraron llenos de comida.

En el mismo orden que había en las casas de armas, aquí hallaron hileras de hermosas vasijas grabadas y con tapas finamente esculpidas: En su interior hallaron chicha colorada, cafés, amarillas y bermejas, preparadas con diferentes frutas; filas de jarrones con miel de distintos sabores, dependiendo de las abejas y del néctar de las flores; en otra parte, canastas repletas con jamones de venado, puerco de monte, armadillo, nutria, cecinas de borugos, curies y aves.

En otras cestas, más henchidas que las primeras, había pescaditos pequeños asados y ahumados y trocitos de carnes redondas. Inmensas vasijas con futes en miel agridulce. Cestas repletas de arepas, envueltos, tamales y cestas llenas de yomas (papas) amarillas, negras, coloradas, de todos los tamaños. Otras cestas contenían huevos de pava de monte.

Por grupos, los Suachies ocuparon un bohío o casa de las que estaban disponibles o armaron campamentos donde prendieron hogueras y comenzaron el festín en medio de una noche estrellada con ubchihica encima. Unos asaban o calentaban las viandas, intercambiaban bocados, comentando el sabor del envuelto de maíz dulce, simple o salado, combinado con los jamones y frituras de venado, curies, borugos y aves.

—Con gusto os sirvo. —Decían. Gracias os doy, ¡Por vuestra merced, Salud! Los capitanes pasaban revisando la tropa y les decían: ¡Agasajaros! ¡Agasajaros! Lo tenéis bien merecido. Sois un milagro de Dios, ¡y de la Virgen! —Gritó el soldado Tordehumos.

En especial les pareció sabroso al paladar, unos trocitos redondos, ahumados y crocantes, hasta que un soldado chistoso, dijo: ¡No coman!, ¡son chuletas de serpiente! Inmediatamente llevaron indios sumisos para que las probaran.

Estos rebosantes de alegría exclamaban: ¡Achuensuca! ¡Achuensuca!, que quiere decir: «comida sazonada», y mientras degustaban, decían: ¡Chungue! ¡Sabroso! ¡Hummm! ¡Chungue! ¡Chungue!

No se sabe si lo cocinaron las indias que traían o encontraron en medio de las canastas, unos cuencos con salsa de tomate, ají, aguacate y maní y otras yerbas aromáticas que revolvían con los alimentos, en especial con las yomas, gritando siempre: ¡Chungue! ¡Hummm! Un soldado quiso probar tan exquisito manjar. Demasiado tarde, el soldado gesticuló —Ají, Ají, picante. ¡Mi lengua está hecha un ascua! ¡Pardiez!, que no aguanto. ¡Zequijican! ¡Zequijican! Gritaban los indios riendo a carcajada, ¡Ají quema boca, Ají quema boca!

En medio de la alegría, los grupos de suachies, indias e indios esclavos de acuerdo al rango y a los bohíos que les correspondió ocupar, comentaban las dificultades del viaje.

Un soldado recordaba la forma en que, en una noche de tempestad, vio a través del azul resplandor de un rayo, como una gigantesca serpiente succionaba por las piernas a un compañero enfermo que aún no se daba cuenta que se lo estaba tragando.

Al tiempo despertó gritando: ¿quién es?, que me pasa, ¡despierten! ¡Vengan!, ¡auxilio!, algo me está jalando.

Rápidamente, decían, «acudimos en su ayuda, antes de sentir un duro golpe de madero sobre nuestros pechos y caer entre el lodazal y la lluvia, solo viendo los destellos de luz del relámpago. Fue un coletazo. La oscuridad nos impedía seguirlo». ¡Pardiez! ¿Por qué no le pasaron un machete? ¡Verdad! A nadie se le ocurrió. Estaba muy enfermo, no aguantaba más. Seguro esa imbécil culebra se murió de indigestión. No ven que se lo tragó completo, con casco, armadura y todo. Otro recordó la sorpresa que causó el súbito jalonazo del soldado Jesús Segura hacia la selva. Vieron que un tigre, lo arrastraba de una pierna. Él se defendía con el machete, intentaba herirlo. El tigre de un manotazo se lo quitó, después con otro manotazo le arranco la cabeza. Esta salto como una pelota y quedó suspendida entre el follaje, mirándonos con ojos desorbitados. Otro dijo: todavía parpadea. El tigre volvió al cuerpo lo reacomodo entre sus fauces y se lo llevó. ¡Hijo de la p… madre! ¡Qué sorpresa! ¡No nos dio tiempo! La maldita maraña tiene la culpa, nos impidió seguirlo.

Una fucha guasgua, muchacha india, llamada SueSua[44]. Ave del sol, piel canela, ojos negros y apenas con una líquira que descendía entre sus dos senos. Le llevo en un cuenco rojo, una sopa enfuetada con sabor agridulce y salsa de ají al soldado Juan Duarte, que había comido un sapo durante la travesía y yacía enfermo. Este al verla lloró de júbilo y lentamente bebió; de pronto, lánguidamente se levantó y como loco, gesticulando, brincando, alzando los brazos, de hoguera en hoguera, gritaba: ¡Estoy vivo! ¡Estoy vivo! ¡Somos ricos! ¡Somos ricos! ¡Piru! ¡Piru!

En otra casa, los capitanes alrededor de la hoguera comían cecinas de venado ahumado y tamales con salsa de ají y otras viandas, mientras comentaban el milagro de haber llegado 180 hombres vivos en comparación a los 620 muertos dejados en el camino sin contar los indios muertos en servicio, esclavos negros, moriscos, caballos de guerra, y de carga, perros, cerdos y cabras.

El licenciado Quesada, educado en Salamanca y que nunca había salido de las ciudades Españolas, comentaba que los muertos eran inexpertos chapetones de ciudad. Otro capitán disertaba con mucha seriedad, que, en verdad, habían pasado por el averno porque habían muchas fieras, caimanes, tigres, culebras y esos malditos mosquitos que causaban estragos que las mismas bestias y porque el aire pestilente de esa selva era vaho del infierno.

Estaban entusiasmados escuchándose los unos y los otros cuando apareció un grupo de soldados gritándose mutuamente, a punto de iniciar una reyerta. Uno de ellos se adelantó pidiendo al licenciado permiso para hablar. Un gesto le concedió la palabra. Dijo: —En mi grupo, discutimos sobre el ídolo que consiguió el soldado Juan Valenciano, caporal de los rodeleros. Unos dicen que es un águila y otros décimos que es un hombre águila volando. El licenciado se dirigió al Contador Real, Juan de San Martín, encargado de guardar y llevar el tesoro, y con un gesto le ordenó mostrarlo. San Martín asintió y regresó con una fina figura de oro purísimo parecido a una libélula. Resplandecía a través de las llamas y parecía querer volar en pos de la luna. En efecto era un hombre ave. Todos enmudecieron contemplando el prodigioso arte. Alguno dijeron: —Es magia.

---

44 Sue, Ave y Sua, Sol. Uricoechea Ezequiel .Op.Cit. Pág. 118.

Un clérigo le contestó: —Es obra del demonio ¡Lástima que tengamos que volverlos lingotes! —Dijo Don Gonzalo, cerrando la discusión. El grupo de soldados rodeleros, se retiró haciendo cuentas y estimaciones del rico botín que hasta ahora habían reunido y se figuraba el que iban a conseguir cuando apresaran a Tisquesusa. Mejor que el de Atahualpa, —Decían, por lo que parece, estos indios son más ricos que los incas y los obligaremos a llenarnos una casa de oro, más grande que la conseguida por francisco Pizarro en el pirú.

—¡Pardiez!, lo juro por mi madre que está en Andalucía.

En la casa de las caballerías, junto al jefe de los jinetes Baltasar Maldonado, había una extraña conmoción, algunos hombres se contorneaban de asco, otros se retorcían y más allá unos apesumbrados bajaban la mirada hasta clavar su cabeza entre las piernas. Un sacerdote de pie, junto a las llamas azuladas de la hoguera, con pálido rostro barbudo y ojos enrojecidos por el llanto, les recitaba un sermón diciéndoles: Dios ha querido probarnos llevándonos, por una parte, del infierno a través de vapores pestilentes, caminos cerrados con ramazones espinosos, frutos venenosos, tempestades, lluvias permanentes que nos engendraron gusanos y nos comieron las carnes, tábanos, zancudos, jejenes y toda clase de fieras ferocísimas que devoraron a nuestros compañeros vivos; pero dura prueba que hemos tenido que soportar ha sido el hambre y si alguno de vosotros habéis comido carne humana no es un sacrilegio, pues aún no se ha comprobado si los indios son humanos. Podéis ir en paz.[45]

En el mismo grupo rodeado de muchos compañeros estaba el soldado arcabucero, Francisco de Tordehumos, volviendo a relatar, una y otra vez, su milagrosa salvación. «A vosotros os corresponde decir si miento cuando os dije, ya sin poder moverme, por la extrema debi-

---

[45] Avellaneda Navas José Ignacio (1995) Pág.161. Nota 340. Afirma que en los archivos de indias en Sevilla se encuentran documentos que prueban que durante la expedición de Quesada los soldados no solo comieron sapos y culebras, sino que hubo canibalismo, pues algunos comieron carne humana de indios e indias. De otra parte, algunos frailes de la conquista pensaban que "los naturales de la América no eran racionales, sino brutos animales incapaces de la vida eterna y de los santos sacramentos". Su reconocimiento se produjo apenas empezaba Quesada la conquista de los Mhuysqas. En efecto, hasta la bula de junio 9 de 1537 expedida por su Santidad Paulo III, a instancias de los Santos Misioneros, no fueron considerados seres humanos.

lidad que sentía, que me dejaseis recostado sobre aquel inmenso árbol, que allí recibiría la muerte en paz. Los vi retirarse lentamente. Después de un rato solamente escuchaba los machetazos desbrozando la selva. En seguida me quedé profundamente dormido. No sé cuánto tiempo, porque desperté en medio de la noche. No sé si fue que lo soñé o que lo vi. Era una agraciada señora del color, de estas hermosas indias. Me dijo: ¡Vamos! ¡No seas flojo! ¡Anda! Que yo te guiaré hasta donde se encuentran tus amigos. Algo me sucedió. Sentí una fuerza que no tenía y que me empujaba ir tras de Vosotros. Caminaba y caminaba durante el día y por la noche dormía junto a los árboles; casi sin comer porque no sentía hambre. Comía algunas raicillas y bebía agua limpia de los arroyos. Así seguí hasta que llegue a donde vosotros os constatan después de vagar cinco días. Uno de los presentes dijo: ¡Pardiez! Te salvó la virgen morena de Monserrate.

—Sí, Sí, Gritaron todos, mientras alzaban las totumas con chicha y decían: ¡Bebamos del vino destos indios! ¡Está de Moscatel! ¡Dirás de agrio mosto! Por vuestra lealtad y bizarría, ¡Salud! [46]»

En otra hoguera se encontraba el mayor grupo de soldados españoles escuchando el cante jondo de un gitano acompañado de su vieja guitarra que había podido salvar de la hecatombe. El trompetista de la expedición Gonzalo Pereira y el tambor Juan Sánchez. Entraban al compás cuando el gitano descansaba. Un negro esclavo tocaba unos timbales improvisados con dos tamboriles Mhuysqas tirados en la refriega de Nemocón. También se habían unido al grupo de músicos tres indios que tocaban las flautas y ocarinas intentando encontrar los acordes que brotaban del lamento gitano.

Todo se escuchaba con asombroso acuerdo, a pesar de la diversidad de sonidos y de razas. Soldados, negros, esclavos e indios, estaban fascinados escuchando, mientras comían y bebían grandes cantidades de chicha. Durante los días que siguieron, los españoles se dedicaron a limpiar los mosquetes, pulir las armas, perfeccionar y arreglar las rodelas, confeccionar trajes hechos con grueso algodón contra las flechas y reparar sus armaduras. Martín Sánchez Ropero,

---

[46] Según Severino de Santa Teresa, Tordehumos fue el primer español que se casó cristianamente con una india mhuysqa llamada Francisca el mismo día en que se celebró la primera misa en Santafe de Bogotá. Avellaneda Navas José Ignacio (1995):265

veterinario, herrero e ingeniero mecánico de la expedición, no daba abasto atendiendo las caballerías y diseñando carretas para transportar el menaje de guerra y los pertrechos militares. Después, con ayuda de los indios construyó los barcos que llevaron a los tres conquistadores: Quesada, Benalcázar y Federman por el río de la Magdalena hasta la costa de Santa Marta y luego a España.

Sucedió que en el quinto día llegaron las embajadas Mhuysqas, representando el arte de la paz, para conocer las intenciones de los suachie. Desde mucho antes, el Mhuysqa se caracterizó por su habilidad para tratar a las personas. Con extrema sagacidad dicen las cosas sin molestar, ni herir el orgullo de los Suachie. Por su parte, Quesada le enviaba a decir a Tisquesusa que porque no venía el mismo en persona a visitarlo y harían las paces y tratarían juntos los asuntos de guerra y paz; pero la forma en que lo decía, el gesto, el esfuerzo que ponía en sus propias palabras, delataba una intención oculta que los ChyquyMhuysqa[47] (chamanes del pueblo) captaban sin proponérselo, atentos al significado del gestus que a la traducción de los intérpretes.

---

[47] Chyquy Mhuysqa, expresión chibcha formada por las palabras: Chyquy, Chaman y Mhuysqa, gente, pueblo, naturaleza.

Siegua[48]

Agua de los Cerros

En "Ainsuca"[49] la primavera del post glaciar. Después del último y largo invierno 75.000 a 10.000 años antes del presente, se extendió el interglaciar sobre la sabana como una primavera sobre la tierra y comenzó la era geológica conocida con el nombre de "Holoceno", donde todo es nuevo, y donde actualmente nos encontramos. Volvió a brillar el sol, se despertaron las plantas y los animales.

Los ríos se descongelaron llevando inmensos trozos de hielo, arcillas, gravillas y pesados troncos de árboles. Los ríos y quebradas de la sabana, en la antigüedad descendían por las vertientes del oriente y occidente, donde se acunaban sobre el río Bogotá, entre humedales y lagunas, con una esplendorosa vegetación, abundancia de peces, aves y animales. El río Bogotá cruzaba la sabana de norte a sur —como "muysua" la serpiente Mhuysqa—, reptando entre volutas, arcos y meandros. Los ríos que atravesaban la sabana por el antiguo fondo sedimentario de la laguna, «observa Hammen» se crearon los actuales valles inundables del río Bogotá y sus afluentes. Dado que unas partes eran más bajas que otras, formaron pequeñas lagunas y humedales; de los que en este momento quedan: Guaymaral, La conejera, Juan Amarillo y Córdoba en la localidad de Suba; Torca en Usaquen;

---

48 Siegua. Palabra chibcha derivada de Sie, utilizada para representar el agua o río y combinada con Gua, que significaba: cerro, monte, montaña. Siegua designaba: agua del cerro o laguna.

49 Ainsuca, frase mhuysqa que significaba: Canto de las aves. En traducción del monje Anónimo: González Maria Stella (1987) Diccionario y Gramática Chibcha: 208. "Ainsuca"Se propone para designar la entrada al período interglaciar en el que actualmente nos encontramos.

Jaboque y Santa Maria del Lago en la localidad de Engativá; Capellanía y Meandro del Say en Fontibón; El Burro, La Vaca y Techo en Kennedy y Tibanica en Bosa. El Río Bogotá, antiguo "Bunza" o "Funza",[50] del Mhuysqa, con "uzsie".[51] En los páramos de villapinzón, al norte de cundinamarca, descendía entre pajonales, cojines de musgo, margaritas amarillas, pompones azules, inmensos frailejones, puyas, líquenes, quiches y bosques achaparrados de coloradito y sietecueros de flores púrpuras. Desde que se formaron los primeros hilitos de agua, van corriendo cristalinos a hermanarse con otros más grandes, deteniéndose aquí y allá en laguitos que pasado un tiempo, mientras se introducen en la capa de humus, donde se filtran y eliminan de impurezas, aumenta el caudal y purifica el agua, adquiriendo los elementos de la tierra necesarios para la vida.

En su primera infancia, el río Bogotá recoge los tributos de agua que le hacen numerosos arroyos, y fertiliza entre vueltas y revueltas por la mutante geografía: laderas, terrazas y valles que surgen en su camino. Desciende en cascadas de agua entre valles de Borracheros (el Tijiqui sagrado del Mhuysqa que conoceremos más adelante), de copa aparasolada irregular y hojas verdes claras de flores blancas, rojas y amarillas en forma de embudo acampanado y frutos parecidos al cacao o a las curubas pero más redondas. Y, entre bosques de Gaque[52] de copa irregular, densa, globosa, con hojas en forma de tejuelos reconocidas porque abundan en los cerros formando extensos tapetes de color amarillo oscuro.

---

[50] Los españoles transformaban los sonidos de las consonantes y las vocales, cambiaban la b, por la   f; y, las vocales: u, o, v .Aceptando estas distorsiones la palabra chibcha funza, originalmente pudo ser Bunsa o Bonsa, siendo Bo=Dios, conservando el mismo prefijo de Botchiqa y Batchue. Por esto en la Gramática de   Acosta Ortegón (1938):31. Ba significa Diosa y Bo, Dios; za, también es una expresión admirativa, diferente de zha, noche; entonces, Bunza, pudo significar: Río de Dios o admirativamente, del todo poderoso. La disyuntiva Funza o Bunsa es mencionada por Simón y observada por algunos autores que tratan el tema, por ejemplo: Correal (1990):20.

[51] Uzsie, palabra chibcha propuesta para designar el nacimiento de los ríos formada por uze = nido y sie = agua.

[52] Gaque: Árbol dioico de tamaño medio que puede alcanzar 14 m de altura. El tronco, de corteza oscura y anillada, puede medir hasta 30 cm de diámetro cuando el árbol es adulto. Posible apócope de gata caliente y quye=árbol. Concluyo que su nombre podría significar: Árbol caliente.

Recuperado de internet: Nacimiento del Río Bogotá. Blogs El Espectador Galería]

A los lados del río Bogotá abundaban los bosques de Roble, de inmensa copa globosa verde, aparasolada. Cubriendo el piso de mantos de hojarasca de color amarillo rojizo y sabrosas bellotas apetecidas por: osos de anteojos, venados, ardillas, conejos, borugos, faras o runchos. Los cazadores reconocían el lugar por el color de las hojas y las bellotas y esperaban la llegada de los animales. Pero, no ignoraban que, muy cerca, podía estar, al acecho, sereno y paciente; "Nimy", el jaguar Mhuysqa, el cazador de los Andes.

En uzsie, nacimiento del río Bogotá, en el bosque alto andino, también abundaba el Cedro de copa globosa con frutos en modo de valvas de cinco puntas, la Quina y el imponente Nogal, de frondosa copa irregular y corteza con fisuras profundas de color gris. Y, otros árboles conocidos con los nombres de Encenillos, canelo, espino, arrayán, mano de oso, tagua, mortiño, asociados con chusque, helecho arbóreo, chite y pegamosco. En todo el bosque se escuchaba el trino de los turpiales, azulejos, pechirrojos, cardenales, chisgas, mirlas, águilas y cóndores de muchas variedades, mientras que en un viejo árbol cubierto de musgo y líquenes era posible encontrar una o varias orquídeas de sorprendente belleza con sus pétalos de color semejantes a mariposas.

Recuperado: https://www.google.com/search?q=Flor+Orqu%C3%ADdea

Más adelante de villapinzón, siguiendo por el valle de chocontá, antes de penetrar en la sabana. El río Bogotá abrió su lecho entre las inmensas rocas de Suesca, en medio de un cañón[53]. Al frente, recibe las aguas del antiguo río sisga y rodeando el cerro de Guarnique entra de lleno a la sabana.

Sigue por el antiguo valle de tominé donde recibe el tributo de agua del río Guasca. Después pasa por el valle de Tocancipá, franquea el cerro de Tibitó y desde el páramo de Guerrero (noroccidente) viene a su encuentro el apacible y desdeñoso río Frío que primero pasa por Zipaquirá, después en medio de vueltas y meandros, circula en la sabana por Tabio, Cajicá, Chia, y Cota, antes de rendir su tributo de agua, al río de los zipas, el río Bogotá. Próximo a Tabio, en el cerro Paramillo, nace el río Chicú que puede ser apócope de Chiqui, el chaman Mhuysqa. A un lado de Tenjo se une con la quebrada Socha y en Suba se adhiere al río Bogotá. Por el occidente, el río Subachoque nace entre el cerro Pedregoso y la cuchilla el Tablazo. Recorre la sabana acopiando las quebradas que afluyen a su encuentro a un lado de la cuchilla de La Laja y Cerro del Hato. En Madrid, antes de cambiar el nombre de Serrezuela por el de Balsillas, junto a la laguna de la Herrera y próximo al cerro del Fute, desemboca por el sur de Soacha en el Río Bogotá.

El río Bogotá, después de recibir las aguas del río Bojacá que antes se llamaba Checua, con uzsie, entre Facatativa y Albán, en las

---

[53] Carrizosa Julio (1985): 84. Los nueve ríos. En, El Río Bogotá. Villegas Editores.

cuchillas de barro blanco, donde antes se lo conocía con el nombre de río pava. En soacha, se despide de la sabana de Bogotá encausándose en un abismo rocoso y pendiente, cayendo entre golpes de espuma, mil quinientos metros de altura en una distancia de quince kilómetros. En este punto Julio Carrizosa[54] nos cuenta la historia del Río Bogotá y la forma en que fue aprovechada su fuerza hidráulica en la pendiente que forma el Boquerón del Tequendama para construir la primera planta hidroeléctrica de Bogotá inaugurada el 6 de agosto de 1900 en el sitio de "El Charquito" en Soacha.

Posteriormente, se amplió la capacidad de generación de energía en Alicachin para lo cual se construyeron los embalses de Sisga, Neusa, Tominé y Muña dentro del sistema hídrico del río Bogotá para disponer de agua durante todo el año y mantener el flujo requerido en las tuberías que mueven las turbinas, conocido con el nombre de "Embalse agregado del Norte." Constituyendo un sistema de reservas de agua para consumo humano, uso agropecuario e industrial de la ciudad. Pero en su curso el río recibe las aguas residuales, desechos orgánicos y basuras de Bogotá, la aglomeración humana más grande del país. Actualmente, el río Bogotá es considerado uno de los tantos más contaminado del mundo.

Cruzando por Santandercito el Río Bogotá, se encuentra con el zoológico de Santa cruz. En San Antonio del Tequendama, toma el nombre de Río Patí y entra al antiguo territorio de los Panches, pasando por Anapoima, Apulo y Tocaima. En Girardot Flandes, se une al gran Río de la Magdalena, antiguamente conocido con los nombres de Yuma, Río del país amigo, Arli, Río de los peces, Caripuña, agua grande y, Guacahayo, río de los muertos o de las tumbas.[55]

---

[54] Carrizosa Julio (1985), la crónica institucional(1985) y Alberto Mendoza (1996) ,
[55] Nieto Caballero Luís Eduardo (1984) :173

Recuperado: https://especiales.semana.com/rio_bogota/salto_de_tequendama.html

Siguiendo por el sur oriente de la sabana, entre 2800 y 3600 metros de altura, aparecen como prolongación del páramo de sumapaz los cerros de Guacamayas, Juan Rey, Doña Juana y la cuchilla del Gavilán, antiguamente cubiertos de bosques de Encenillos de tronco nudoso, corteza gris rugosa, copa irregular con flores pequeñas blancas teñidas de amarillo, con troncos de un metro de ancho y alturas hasta de diez metros, asociados con robles, chaquiros, tunos, arrayanes, alisos, yarumos y helechos arborescentes.[56]

En la misma forma que describimos la cuenca del río Bogotá por el occidente; por el oriente, como una prolongación del macizo de Sumapaz, se extiende el páramo de Chipaque y Cruz Verde, donde nacen los ríos Tunjuelito, San Cristóbal, Vicacha o San Francisco, Chiguachie o San Agustín, también llamado en la colonia Manzanares, y numerosas quebradas detrás de los cerros de Aguanoso, la Mirla, la Peña, Guadalupe, Monserrate, el Águila, el Cable y la Cumbrera, hasta la Caro.

---

[56] CAR (1983): 98, DAMA (1997): 70. HAMMEN (1996): 23

Recuperado: https://mapio.net/pic/p-2966936/

El río del santuario o Tunjuelito[57] nace en guafaoa[58], los cerros de niebla de cruz verde y alto de la horqueta, entre musgos, helechos arborecentes, puyas, frailejones y todas las especies del páramo, antes de desprender abruptamente por el piedemonte de los cerros hacia el occidente, captando las aguas de numerosas quebradas que aún conservan nombres chibchas, como: fucha, chuniza, chiguaza, soche.

En Bogotá, donde se localizan las localidades de Rafael Uribe, Tunjuelito, Parque Tunal, lago Timiza, Kennedy, Bosa, laguna Terreros y humedal Tibanica, el río Tunjuelito formaba inmensas lagunas y humedales en su paso por la planicie, en medio de bosques de aliso, palo blanco, raque, arrayán, cerezo, y bandadas de aves, patos zambullidores, patos colorados, garcetas azules, reales, nivosas, garcillas verdes, grises, y muchas migratorias[59], finalmente tributa al río Bogo-

---

[57] Posible apócope de tunjo o chunso, que significaba imagen sagrada o santuario.

[58] Palabra mhuysqa derivada de Gua, monte o cerro y Faoa, niebla.

[59] Mcnish Thomas M. (2004):3. Observa la importancia de los humedales en el equilibrio de la diversidad bio- ecológica de la sabana, dice: "los humedales reúnen animales invertebrados gusanos, moluscos, anélidos, insectos, crustáceos, arácnidos, quilópodos y diplópodos; vertebrados: peces, anfibios, reptiles, aves y mamíferos, todos alimentándose de las plantas, o unos de los otros, a través de las cadenas tróficas".

tá en inmediaciones de Bosa-Soacha. El río san Cristóbal, que en tiempos de los Mhuysqas estaba dedicado a la feminidad «de ahí su nombre indígena» "fucha" que significaba mujer, recibe las aguas fecundas del Vicachá (San Francisco) y del Sieguachi (San Agustín) ríos que forman el vórtice de energía y agua más importante del centro de Bogotá. El río Sieguachi, agua del cerro de la luna[60], que tomó el nombre de San Agustín por la iglesia y convento construido en la colonia, en la confluencia de la carrera séptima con calle séptima, por donde era su antiguo cauce. Nace de la unión de dos quebradas: manzanares y chuscal, con "uzsie" detrás de los cerros de la Peña y Guadalupe. Antiguamente, el río bajaba veloz, saltando entre grandes rocas encausadas en un profundo barranco hollado por la inmensidad de los tiempos, siguiendo la pendiente de la calle séptima (hoy con el nombre de Avenida José Asunción Silva en honor del poeta) a encontrarse con el Vicachá[61] (Resplandor del agua en la oscuridad) bautizado con el nombre de San Francisco, por los reverendos Padres Franciscanos que habitaban en el convento e iglesia construidos en las márgenes del río, en el siglo XVI, en la confluencia de la carrera séptima y su antiguo cauce, ahora calle trece o Avenida Jiménez.

---

[60] Posiblemente los Mhuysqas nombraban los cerros orientales con la palabra "Chiguachisua" compuesta por los semas: Chi, nuestros, Gua, cerros o montes; Chi apócope de chie o chia, luna y Sua, sol   significando: Nuestros Cerros de la luna y el sol. En este caso el río San Agustín estaba dedicado a la luna; en chibcha era: "Sieguachie", que significaba: Agua del cerro de la luna.

[61] Vicachá o Bicachá, siguiendo la semiogénesis de Mariana Escribano (2005) Paleotegría: 147. BI AQA ZHA. Procede de Bi, que remite al uno y al otro -en este caso- a los cerros de Monserrate y Guadalupe; Aqa, el nueve, representa el agua de la tierra y Zha a la vibración de luz en la oscuridad. Entonces "Biqacha" significaba: Resplandor del agua en la oscuridad; o, resplandor del agua entre los dos cerros.

Recuperado: https://conexioncapital.co/plan-para-el-fin-de-semana-en-bogota-senderismo-en-rio-san-francisco-vicacha/

El Vicachá es el único río de los cerros orientales del centro de Bogotá que forma el boquerón más sorprendente por su paisaje y disposición geomántica. Después de venir encauzado de este a oeste en un profundo cañón, corriendo entre inmensas rocas, se abre imponente entre los cerros de Monserrate y Guadalupe, formando la boca del monte más notable que se puede contemplar desde cualquier sitio de la sabana. En este lugar, la naturaleza creó un vórtice de energía cósmica, único por su ubicación geomántica: Este - Oeste: aquí aparece el Sol, la luna, nace el agua, el viento y el arcoíris.

Lugar venerado por los Mhuysqas desde tiempos antiquísimos. Respetado y elevado a la categoría de "chunsua" que significaba: santuario de energía vital, donde estaban los dioses y no se podía cortar ni una hoja. En ciertas épocas del año, posiblemente en los solsticios de julio y diciembre y equinoccios de marzo y septiembre, se venía el zipa con las mujeres iniciadas y sacerdotes principales a realizar ceremonias y rituales.

Siguiendo de sur a norte, por el lomo del cerro de Monserrate, se atravesaban bosques de gigantescos cedros, encenillos y gaques entre almohadones de hojarasca. Pasando el boquerón del vicacha a un lado de Monserrate, después del "alto del águila", se puede observar un conjunto de inmensas rocas morrenas rojas lavadas por los antiguos glaciares, hasta llegar a un vallecito húmedo con abundantes pajonales de chusque, chite, charne y guardarocíos. Es el uzsie del río Arzobispo.

Después de nacer y surtirse de agua, desciende por un profundo cañón saltando por filos de roca que forman profundos abismos con encumbradas cascadas.

Recuperado: https://bogota.gov.co/que-hacer/recreacion-y-deporte/si-un-rio-limpio-quieres-ver-

La última cascada es de singular belleza porque forma en su caída una pequeña laguna cubierta por una inmensa roca, en un ambiente sobrecogedor de rayos de luz y sombras, conocida por los Mhuysqas con el nombre de tysie[62], canto del agua y desde la colonia con el nombre de "salto de la ninfa". Ubicada en los predios del Parque Nacional, a donde se puede llegar por un hermoso sendero que bordea el río y seguir ascendiendo para contemplar las otras cascadas y llegar hasta su nacimiento.

El río Arzobispo llamado así porque los terrenos que atravesaba pertenecieron en la Colonia a un Arzobispo. Por sus características tan singulares, pudo llamarse el Río de los saltos de agua que en chibcha se decía:"Zansucasie"[63]. Aún Desciende por el oriente del Parque Nacional en dirección noreste y recibe el tributo de agua de las quebradas, las Delicias, la Vieja, los Rosales y el río Negro, que pasa por el barrio del mismo nombre. Seguidamente pasa por Suba donde se le conoce como Río Salitre y después forma el humedal

---

[62] Tysie, palabra chibcha compuesta por
las palabras: ty, canto y sie, agua.

[63] Formado por las palabras Zansuca, Saltar y Sie, Agua.

Juan Amarillo en su encuentro con en el río Bogotá, próximo a la calle 80 y antes de la laguna la florida.

Las quebradas las delicias, la vieja y los rosales nacen en los cerros adyacentes, conocidos ahora con los nombres del Cable, la Cumbrera o el Salitre en una hoya que por su extensión y redondez pudo formar una laguna en los tiempos de "zaitania", cuando los glaciares llegaban hasta los cerros.

En el cerro del cable extrañamente empezaron a ocurrir accidentes de aviones[64], hasta que las empresas aéreas tomaron la decisión de prohibir la salida por esta dirección. Casualmente, el cerro del cable, ubicado en Chapinero, se alinea perfectamente Sur-Norte con un cerro de forma piramidal localizado en los cerros de Majuy en Chia donde se encontraron jeroglíficos Mhuysqas aún no descifrados.

Recuperado de internet: https://es.m.wikipedia.org/wiki/Archivo:Cerro_El_Cable.JPG

Por el norte de Bogotá, dentro del perímetro urbano, se forma la cuenca del río Torca que recoge el tributo de agua de todas las quebradas que nacen en los cerros de usaquen, chiscal, pan de azúcar, hasta el humedal de Torca y Guaymaral muy cerca de Chia.

---

[64] El Tiempo. 21 de abril de 1998 Pág. 5B. y del 22 de abril de 1998.Pág. 6A.

Pero aquí no termina la red fluvial que aún mantiene con vida el ecosistema de la sabana de Bogotá y sus alrededores, antiguo territorio de la Nación Mhuysqa. En efecto, Siguiendo por el oriente se levanta el imponente macizo de Chingaza que suministra el agua que da vida a Bogota y otros municipios y por el oriente, alimenta las cuencas del Río Blanco y Río Negro sobre las pendientes y valles ondulados de Choachi.

Recuperado: https://mapio.net/pic/p-38694174/

La cuenca del río Negro nace en Chingaza pasa por Choachi, Fómeque, Ubaque, y después continúa encausado por un cañón que pasa Cáqueza, Chipaque, Quetame, Chuntiba, Guayabetal, hasta su empalme con el río Guayuriba y río Meta, en la cuenca del río Orinoco hasta su encuentro con en el océano Atlántico.[65] En el oriente Bogotano, en el páramo de Choachi-Mataredondo, en la laguna El Verjon, antiguamente conocida por el Mhuysqa con el nombre de Teusacá, nace el río que lleva el mismo nombre y forma el valle ondula-

---

[65] Una mayor información histórica del camino fluvial desde la sabana de Bogotá siguiendo las rutas que descendían por el oriente hasta el Orinoco, se encuentra en las obras del Geógrafo Rafael Gómez Picon. (1968) Orinoco, Río de libertad y El río Meta futuro camino entre Paris y Bogotá.

do que pasa por la Calera, antiguo pueblo Mhuysqa llamado también Teusacá, sigue por el valle de Sopó y antes de unirse con el Río Bogotá, adquiere el nombre de "Chiqui", que en el pasado significaba, por alguna razón desconocida, el río del Chaman; igual que en la vertiente occidental el río Chicú (apócope de chiqui). Tal vez, porque en tiempos del Mhuysqa, cuando el páramo generaba millones de veces más agua, causaba grandes inundaciones en la sabana y solamente el poder de los Chiquis podían detener o menguar los diluvios, como lo hizo Bochica.[66]

Recuperado: https://caminatasalairelibre.com/el-verjon/

El páramo de Choachi[67], prolongación del páramo de cruz verde, recoge el agua de las nubes, las almacena y purifica, formando el "uzsie" de las quebradas que abastecen los cultivos y acueductos de los pueblos de oriente, entre las cuales se destacan las quebradas del Soche; Potrero Grande, El Chuscal, La Balsa, El Raizal, afluentes del río Blanco que se une al río Negro, como ya se mencionó, en un lugar llamado "La Unión" entre Choachi, Fómeque y Ubaque, para desembocar finalmente en el río Guayuriba cerca de Villavicencio.

---

[66] Zerda liborio (1882) (1972) Tomo I: 98 menciona estas grandes inundaciones.
[67] "Choachi" también pudo significar "luna Buena" si consideramos que las palabras chibchas "Cho" significaba: bueno o buena y "Chie" significaba, luna.

Recuperado: https://www.minube.com/rincon/mirador-del-embalse-de-san--rafael-a3682291#

De esta manera le hemos dado la vuelta al territorio Mhuysqa en la sabana de Bogotá y en sus alrededores, en el tiempo de "Ainsuca", el canto de las aves, en la primavera del post glaciar. Por los cuatro costados hemos visto a vuelo de pájaro, la panorámica de lo que fue la sabana antes de aparecer la ciudad, cuando el ecosistema aún estaba en equilibrio.

El cambio de clima local o planetario es un factor que actúa continuamente en escalas de millones, a unos pocos años, y puede ser periódico, cíclico o acíclico, según Hammen[68]: "Cuando el clima cambia el ecosistema tiene que ajustarse para cambiar gradualmente o acabarse y ser remplazado por otro". En la misma forma, el hombre tiene que adaptarse a las nuevas circunstancias ambientales que está creando para renovar su forma de vida o desaparecer.

Asistimos a un nuevo paradigma; en donde, los ecosistemas, son momentos de aparente estabilidad, "de flujos dinámicos de eventos en el espacio y el tiempo", en oposición a la teoría de la evolución clásica que suponía, ecosistemas estables en avance lineal, de atrás en adelante, pasando por transformaciones que iban dejando sus huellas a través de eslabones en el tiempo y en la historia. Teoría que no imaginó un suceso planetario, cósmico y acíclico que pudo en el pasado y puede, en el presente, modificar todas las circunstancias de la

---

[68] Van der Hammen. Th (1992):59

vida sobre la tierra, sin dejar huella, por la inmensa proporción del fenómeno o cataclismo. Transformación abrupta, sin precedentes, que permite suponer que existieron otras civilizaciones y desaparecieron sin dejar rastro y otras, que desaparecidas, nos han dejado su mensaje y su lengua, jeroglíficos, cultura y artesanías, como los predecesores del Mhuysqa que vamos a ver a continuación. [69]

---

[69] Hammen (1992):60. Dice: "Anteriormente la teoría de la evolución alteró de manera fundamental la forma de pensar de los biólogos y del hombre en general. Actualmente, la comprensión del estado presente del mundo viviente y sus medioambientes, es decir, el complejo actual de ecosistemas, es solo un momento aparentemente estable de un flujo muy dinámico de eventos en espacio y tiempo, está cambiando rápidamente nuestra visión sobre investigaciones de ecosistemas y también nuestro concepto de la naturaleza y sus procesos."

EL MHUYSQA

SU HISTORIA

Saba Mhuysqa
La guerra del pueblo

Quesada avanzó triunfante hacia Bacata, desbaratando la escasa resistencia de algunos grupos de guechas. Su frustración aumentó al no poder encontrar a Tisquesusa. Entonces los españoles empezaron a torturar al Mhuysqa para que revelara el lugar donde se ocultaba.

A pesar de las torturas, los guías Mhuysqas llevaron al ejército de Españoles Suachies por escarpados caminos, frondosos bosques y yermos paisajes, hasta poblaciones ocultas, donde nadie los visitaba hace mucho tiempo, «después de haberlos llevado por caminos inaccesibles de breñas y montañas, diciendo que allí estaba el Bogotá, los traen cansados y aporreados, sin hallar rastro de lo que buscaban»."[70]

Los Guechas de Tisquesusa intentaron por todos los medios expulsar al Suachie. Muriendo aquellos valientes en el intento. En "zasca", la prima noche, en Cagui, al salir el sol, los acosan, con asaltos repentinos, con el conjuro del espanto, con gata, el fuego que devora los cercados y quema la tierra, pero los españoles Suachies, no duermen, no comen, no sueñan; solo piensan en derrotar al Mhuysqa para conseguir oro y sumirlos en la servidumbre.

Agotado el Mhuysqa en el esfuerzo por derrotar a los extranjeros y lamentándose de la pérdida de sus valientes guerreros; los chyquyMhuysqa, (chamanes del pueblo) proponen a Tisquesusa otra forma de evitarlos, sin usar la violencia. Simplemente enviar una embajada Mhuysqa a donde el Suachie. La propuesta decirles dónde podían obtener lo que más les gustaba. Mostrando una habilidad sin precedentes en la historia teatral entre los nativos de América, los

---

[70] De acuerdo con Simón (1953) Tomo II. Pág. 8.

Mhuysqas representaron ante el Suachie una escena compuesta por un grupo de indios que fingían llegar de la tierra de las esmeraldas a decirles la forma en que podían acceder al lugar donde se encontraban los tesoros. Parodia que representaron con excelente calidad.[71] La representación Mhuysqa consiguió convencer a Quesada y a su hueste, de la necesidad de salir de Bacata e ir en pos del cerro donde brotaban las esmeraldas. Mientras tanto, Tisquesusa envío mensajeros al cacique de Chocontá para que estuviera prevenido a la llegada de los Suachies y les ofreciera guías que los llevaran a Sumundoco, la tierra de las esmeraldas.

Quesada y sus capitanes quedaron fascinados por la representación Mhuysqa que les abría las puertas al lugar tan ansiado donde brotaban las gemas a flor de tierra y brillaban los filones de oro destellando con el sol. No solo hicieron todos los preparativos necesarios y abandonaron el lugar rumbo a Chocontá-Somondoco, sino que se llevaron a cientos de indios e indias para que les cargaran y sirvieran durante el viaje.

Los españoles salieron por Bojacá, queriendo encontrar el cacique del territorio que no había querido rendirles pleitesía como todos los demás. Informado a tiempo el cacique de Bojacá y todo su pueblo se ocultó de los españoles que debieron seguir después de saquear la población, por la ruta que pasaba por Usaquen, luego atravesar los cerros orientales llegaba a otra aldea que tenía el nombre de Teusacá (posteriormente llamado La Calera), seguía por Guasca hasta Guatavita, luego Chocontá y finalmente Somondoco.[72]

Al llegar a Chocontá fueron recibidos como dioses. Pero en la noche las indias maltratadas y forzadas que llevaban de servicio, les dieron en los alimentos "huanto" bebida alucinógena preparada con tijiqui (dátura arbórea conocida con el nombre de borrachero). Pronto aprovechando la confusión mental de los suachies y las prisioneras indias del cercado de Bogotá se fugaron.[73]

---

[71] Simón Pedro (1953) tomo II:30-31.

[72] Ibíd.pág. 32

[73] Comentando este hecho el licenciado Quesada opino: "cobraron el juicio luego, pero quedaron más locos que antes, pues andaban entendiendo en hacer tan grande locura como era arrebatar las haciendas que no les pertenecían y despojando gentes que vivían dos mil leguas de España". Acosta Joaquín (1971) pág. 256. Nota 1. y en: Pérez de

En Somondoco una vez más la desilusión penetró en el corazón de los españoles al comprobar que las gemas no brotaban a flor de tierra, sino que estaban debajo de las montañas. Extraerlas era un difícil arte. Había que seguir las vetas hasta lo más profundo y valerse de instrumentos de extracción y de mucha paciencia y agua para lavar los socavones, desprender la tierra y después de muchos sacrificios y grandes trabajos, conseguir extraer unos pocos cristales.

Por esto, los indios esperaban las épocas de invierno para que el agua les ayudara a lavar la tierra y en ceremonias chamánicas acompañados de ubchihica el plenilunio, con muchos artificios mágicos lograban extraer algunas gemas.[74]

Refiriéndose a este hecho el Licenciado Jiménez de Quesada afirmaba que la mayor riqueza que se tomó del Mhuysqa fueron las más de siete mil esmeraldas de gran valor, que los indios las obtuvieron con hechicerías, tomando y comiendo ciertas yerbas para encontrar en las vetas las mejores de su especie. Y corrobora la creencia que tuvieron los indios, que los españoles eran hijos del sol y la luna (SuaChies) enviados por los dioses astros, para castigarlos por sus pecados; por esto, fueron recibidos con grandísimo miedo y turbación facilitando su conquista. [75]

Algunos días se pasaron los españoles, yendo de Somondoco a Garagoa, luego a Ciénega e Iza, donde tuvieron conocimiento por un indio que llegó con las orejas rotas diciendo que el cacique Tundama lo había castigado por proponer recibir con presentes a los suachies, diciéndole que viniera donde vosotros a expresarles que se vuelvan por donde aparecieron o que sino en la misma forma los pondría el Tundama. Luego los guías los pasaron por Cuitiva, Guaquira, Tota y Bombasa, Firavitoba, bajando a la laguna de Sogamoso, sin osar lle-

---

Barradas, José (1957). Plantas mágicas americanas.

[74] Guacata = esmeralda. Acosta Ortegón (1938):32. Chuecuta = Esmeralda, en González (1987) Pág. 260. La esmeralda es flor de la tierra. Para encontrar las vetas verdes, había que estar en estado de gracia y ningún indio que no fuera de Somondoco podía sacarlas ni ver las minas porque tenían el agüero que podían morir en una lunación. Gregorio Hernández Rodríguez: De los Chibchas a la colonia y a la República. Colcultura. N° 9. Bogotá. 1975. Pág. 31 Citado por Fernando González Cajiao. Atabi. La última profecía de los Chibchas. Colcultura. Bogotá 1982. Pág.40.

[75] Jiménez de Quesada (1548) (1979) Epítome. Pág.86-87

gar al pueblo, ni aun pisar el valle, por el respeto y temor que le debían al cacique Suamox, soberano del sol. Anyn mague[76]. Los caminantes guías, tuvieron sesenta días en cubriendo el lugar donde se encontraba el gran zaque Quemuenchatocha y el hombre del sol, Suamox. «Durante todo este tiempo los estuvieron llevando de aquí para allá sin revelar el secreto». "Entre diez mil indios que encontraron los nuestros, en este tiempo, dentro de sus tierras, a quien su ordinario era preguntar por oro, esmeraldas y otros secretos, no hubiesen encontrado con uno, ni aun de sus enemigos que les diese rastro del". [77] Pero no fue el miedo y el temor a la muerte lo que hizo que se les revelara el secreto a los españoles, sino la venganza. Sentimiento maligno que se enquistó en la conciencia y la expresión del indio Baganique.

Resentido contra el zaque Quemuenchatocha por haber puesto en prisión y dado muerte a su padre. Estas fueron sus palabras cuando se entregó a los Españoles Suachies. «Capitán amigo, no será bien que siendo un hombre de tu valor te contentes con solo el oro y prendas que llevas, pues será bien con ellas, lleves también la persona cuyas eran, que soy yo, quien te servirá como estos criados que llevas en tu servicio» (señalando algunos indios que venían con ellos desde Santa Marta), quítame los cabellos y ponme el vestido y traje destos, para que no me conozca la gente desta tierra, que yo te mostraré en ella y bien cerca de aquí, donde puedas a tu gusto, llenar las manos de ese oro que a mí me llevas y advierte, que no habrá otro que te descubra este secreto, aunque les des tormento hasta matarlos, por el gran temor que tienen al Quemuenchatocha, a quien yo también temo, aunque se me quitara el temor, con vuestra defensa, si me la prometéis porque no quiero perder esta ocasión de vengarme deste tirano por el agravio que me tiene, hecho en matar a mi padre en prisión, que con tanta razón siento en el alma; pero será mejor abreviar, porque son muchos los atalayas que tiene puestos, y si somos sentidos no saldremos con el que pretendemos, será menester buenas armas, y mucha gente por la mucha que tiene con ellas, en su defensa, que no

---

[76] Anyn mague, Caminante, viajero, andador. Uricoechea Ezequiel (1871): 111
[77] Simón Pedro (1953) tomo II: 58

piensan ser rendidos por nadie en el mundo".[78] Guiados por el traidor Baganique, los españoles Suachies penetraron al territorio del Zaque de Hunza, por los caminos más ocultos y resguardados. Avanzaron incontenibles ante el estupor de los indios que no salían de su asombro, viendo por primera vez a un grupo de licántropos a galope tendidos, entrar por sus propias provincias.

Muchos se postraban ante el prodigio o la magia de estos dioses que se dirigían aparentemente sin guías Mhuysqas a las puertas de Hunza. Con sobrada elocuencia, demuestra Simón la superioridad del Suachie, refiriendose que por donde pasaban los españoles, desbarataban la escasa resistencia de los indios como si fueran moscas.[79]

Mientras tanto, Quemuenchatocha, ya entrado en años esperaba indeciso, suponiendo, que los hijos del sol y la luna tendrían un comportamiento adecuado a dioses prudentes, magnánimos y excelsos en su proceder. Por esto, les mandó a decir que se detuvieran a descansar en los divinos aposentos y manjares que les tenía dispuestos de acuerdo a su condición de dioses. Pero los suachies deseando únicamente el oro, no se detuvieron a descansar, sino que entraron sorpresivamente a sus palacios y le tomaron preso.

Afuera esperaban impacientes 10.000 guerreros Guechas, dispuestos a todo. Esperan solo una orden para prender a un puñado de hombres inciertos que no parecen dioses. Pero, la orden nunca llegó con firmeza, ni siquiera con decisión, sino solo balbuceos del soberano, anonadado, abrumado, sorprendido, ante tanta audacia, atrevimiento, y osadía de sus captores.

Esa misma noche los Españoles Suachies se dedicaron a tomar y exigir la entrega de todo el oro y joyas que tuvieran en cambio de la vida del zaque. Los indios, les llevaban collares, brazaletes, tobilleras, petanas y representaciones de animales con poderes. Todo de oro. Los traían en grandes petacas y los iban acomodando en una habitación contigua donde tenían al zaque. A veces llegaban los españoles llevando oro y gritando ¡piru!, ¡piru!, licenciado, "Voto a tal que, también hemos hallado por aca, nuestro Cajamarca, como lo

---

[78] Ibíd. pág.60
[79] Simón Pedro (1953) tomo II:51

descubrieron por allá los peruleros."[80]Después de escabrosas torturas y amenazas de muerte, los indios para salvar su vida, revelaron finalmente el sacrílego secreto de los entierros de sus antepasados y sus momias. Porque pudo más el acoso de los españoles que el temor a la maldición de sus ancestros, lo que hizo llevarlos a los lugares donde se encontraban los cementerios: «Que con poco trabajo, abrían hasta donde estaban, porque en esta provincia de Tunja, no usaban el enterrar el oro del difunto, donde enterraban el cuerpo, sino arriba en la superficie de la tierra, lo cubrían con sola una cuarta de tierra encima».[81]

No contentos con todo el oro que habían llenado en la habitación, trataron de obtener de Quemuenchatocha amenazando torturarlo. Instante crucial en la biografía del zaque por la forma en que respondió: «De mi cuerpo pueden hacer lo que les plazca, pero en mi voluntad nadie manda».[82] Impresionado con la respuesta, Quesada ordenó que lo dejaran en paz y se volvió al lugar donde estaba Baganique, quien le informó que más al norte, se encontraba un inmenso templo dedicado al dios Reminchingagua[83] lleno de inmensas riquezas.

Durante el camino hacia Sogamoso se les interpuso el Tundama y Suamox, sacerdote del sol, con su guardia personal, pero fueron fácilmente desbaratados, por la caballería de los Españoles Suachies.

Al anochecer llegaron al valle de Iraca, donde se levantaba imponente el gran Templo de Suamox dedicado a la creación solar. Era una magnífica edificación levantada en tres secciones cónicas, superpuestas una sobre otra, al estilo de los bohíos Mhuysqas, con techos de paja, y sostenida por inmensos maderos de frondosos árboles traídos de las selvas de los llanos.

La primera sección formaba un patio circular que dejaba ver sobre sus paredes entretejidas un finísimo esparto de colores, extraños dibujos, geométricos, simétricos y asimétricos, pero guardando entre si una vibrante armonía que se captaba con los sentidos y se complementaba con la música natural, que provenía de los móviles de oro y

---

[80] Ibíd. pág.75

[81]Ibíd. pág.76

[82] Nossa Monroy Carlos (1970) Aquimin el ultimo zaque:41

[83] Así lo escribe Simón (1953) tomo II. Pág. 79 .Es posible que sea el mismo Dios Chiminigagua.

sartas de cristales colgados en las columnas movidos por el viento. En este gran patio circular, y cubierto, podían agolparse perfectamente cientos de orantes y miles en los alrededores.

Al segundo piso, se ascendía por unas gruesas escaleras pulidas y labradas a mano, con motivos alusivos a los poderes de la naturaleza y los dioses, correspondencias con las figuras de carrizo entretejido pulido y labrado que adornaban las paredes.

El suelo tapizado de fina esterilla, siguiendo la pared circular, dejaba ver, en primer plano, las momias de los sumos sacerdotes sucesores de Bochica, Sadigua, Idacansas y de las generaciones siguientes, cada uno descansando en su dujo de oro y conservando los atuendos que llevaron puestos durante su vida, mantas, collares con esmeraldas, diademas, narigueras, aretes y brazaletes labrados con divinas figuras, todo de oro.

Junto a las momias colgaban discos grabados con extrañas inscripciones, piedras talladas con figuras y jeroglíficos y otros objetos de procedencia desconocida. La última sección formaba la cúpula o remate conservando el mismo estilo de las anteriores. En la cúpula se acondicionó un sistema de rejillas en carrizo y paja, que impedían el paso de la lluvia, pero dejaban penetrar la luz solar, que durante el día recorría el recinto circular y durante el zocam (año solar) señalaba la llegada de los equinoccios y solsticios.

Sobre la puerta principal se hallaba una gran lámina de oro, con la figura del sol. Alrededor del templo, se integraba una plazoleta delimitada por troncos labrados en forma de pebeteros, conteniendo jarrones de cerámica con resinas olorosas prendidas a fuego lento[84].

Avanzada la noche los soldados suachies Miguel Sánchez y Juan Rodríguez se deslizaron en secreto hacia las puertas del templo y lo primero que toparon, fue con un viejo cano, y de larga barba que fue la primera vez que habían visto indios desbarbados, peregrinos, debieron de tener por jeque o mojan, que es tanto como un sacerdote entre nosotros, para guarda y servicio de aquel famoso templo.[85]

Este encuentro inusual, con un monje de barba blanca, posible

---

[84] Esta versión complementa la de Carlos Nossa (1968) siguiendo a Juan de Castellanos. En Hunzagua El Chibcha.

[85] Simón Pedro (1953) tomo II: 82

descendiente de algún grupo de sacerdotes extranjeros, de procedencia desconocida, apoya las hipótesis que sugiere la venida de visitantes de la Atlántida o Eurasia mucho antes de llegar los españoles.

Los soldados no se detuvieron a conversar con el jeque o mohan como ellos los llamaban, sino que ingresaron abruptamente llevando las teas encendidas, y en su afán de arrancar el oro que relumbraba, dejaron las antorchas sobre el piso de esterilla originando el devastador incendio, que acabó con el templo más importante de la cultura Mhuysqa.

Afuera se ofrecía un espectáculo apoteósico. Las llamas consumiendo el templo, mientras los españoles apesumbrados veían sus esperanzas de riquezas consumirse en el voraz incendio. De otra parte, en el Mhuysqa, se produjo un cambio, la alegría que los acompañaba siempre, se transformó en tristeza, hasta convertir su rostro en un rictus de dolor, terror y llanto.

Pronto, los españoles suachies alertas a todo y a cualquier situación, salieron de su frustración y aprovechando el resplandor del incendio, para ver mejor, se dedicaron a saquear los bohíos contiguos que parecían ser templos menores, pudiendo juntar seiscientas libras de oro.[86] El fuego consumió el santuario durante mucho tiempo. Unos dicen que demoró un año. Otros que cinco años. Dada la magnitud de su ignición, se figuran las proporciones inmensas que tuvo el famoso templo de Suamox.

Mientras tanto, se fueron reuniendo los jefes guerreros del Mhuysqa del norte, con sus ejércitos de guechas del chicamocha, suata, ocavita, onzaga, sativa, chitagoto, susa, cerinza, tutaza, tupachoque e icabesco para detener la insolencia de los invasores que no podían ser dioses, «porque no se comportaban como dioses» sino como "timansu" (gallinazos del sol). El Tundama liderando la resistencia con el ejército reunido, los dividió en tres escuadrones. "Bien prevenidos de sus comunes armas, macanas, dardos, hondas, tiraderas y otras del mismo pelaje, con encrespados penachos de bellas plumas de guacamayas y papagayos, fundados muchos de ellos en anchas cintas de fino oro, engastadas a trechos lucidas esmeraldas, brazaletes y corales de finas cuentas, con canutillos de oro a trechos, insignias

---

[86] Ibidem. pág.85

con que se diferenciaba la nobleza de los demás que juntos a bulto era agrado verlos."[87]

Los tundamas se congregaron alrededor de Bonsa, que por el nombre similar a funza, la residencia del zipa de bacata debió representar algo de mucho valor espiritual. Pero, fatalmente el lugar estaba ubicado en una llanura donde la caballería enemiga es invencible porque se mueve a galope y destruye a sus anchas.

El ejército español, se ha multiplicado mil veces con el apoyo de los indios renegados de Tunja y Bogota, transfigurados por el miedo y el terror en feroces enemigos de sus hermanos. Entre ellos se encuentra el traidor Baganique. Los españoles para distinguirlos en el combate, los han uniformado con bonetes y plumería verde.

De nuevo se enfrentaron, la libertad contra la conquista, la dignidad contra el odio, la desnudez contra las armaduras de acero, los hombres de a pie contra los gigantes licántropos de cuatro patas y dos cabezas, las manos contra las espadas.

El resultado nunca fue más devastador y terrible para el Mhuysqa, comprobando una vez más que sus fuerzas eran inútiles para repeler a los invasores suachies. En Bonsa, el campo de batalla del tundama quedo vencida la libertad por la flamante victoria de la muerte tapizada de cuerpos destrozados, cercenados y mutilados.

Después solo se vieron los "Cua-Nyia" (Gallinazos del Oro) picando aquí y allá entre los cadáveres destrozados, despojando las coronas de oro, los collares de esmeraldas, las petanas de oro, los brazaletes, las tobilleras, todo lo arrancaron de los inermes cuerpos aún con los estertores de la muerte. Así fue como encontraron el cuerpo del traidor Baganique atravesado por un lanzazo español; porque, en medio de la batalla, había cambiado su penacho de plumería verde por uno de oro y esmeraldas, lo que motivó la confusión y la causa de su muerte.

Sintiendo la terrible derrota en lo más profundo de su alma, pero

---

[87] Simón (1953) tomo II: Pág. 89. Asegura que fueron entre nueve y diez mil indios desnudos, los que se enfrentaron al pequeño grupo de ciento ochenta españoles con panoplia completa (armaduras) y la mitad con caballos; cifra muy superior, que aun desnudos los indios, hubieran podido vencerlos. Estas exageraciones son corrientes en las versiones de los cronistas que pretenden demostrar la superioridad de los invasores suachies que además ya contaban con un numeroso ejército de indios amigos.

con deseos de seguir viviendo, el Mhuysqa del Norte decidió probar la misma estrategia del Mhuysqa del Sur (Bacata) para alejar de su territorio a los temibles demonios del sol. Acudieron a los dioses de la imaginación para convencer a los españoles que: «Hacia la parte sur o mediodía, había un valle y bien poblado de gente, cuyo señor se llamaba Neyva, tan llena la tierra de minas y de riquezas que tenían el oro tan a montones, como ellos, lo tenían de maíz y que sobre todo tenían una casa hecha en una laguna fundada sobre colinas de oro, y en medio de ella, un pilar hecho de lo mismo, que era un adoratorio a donde entraban en canoas a hacer sacrificios».[88]

Quesada quedó deslumbrado por este relato. Decidio marchar inmediatamente a encontrar el Dorado de Neiva. Pero antes, se cercioro de asegurar la rendición incondicional y el sometimiento de los caciques principales de Tunja, Duitama y Sogamoso.

Siguió por la ruta de Pasca y atravesó el gran río de la Magdalena, hallando en cambio del fabuloso Dorado, desiertos inalcanzables, altísimas temperaturas, muerte y desolación.

Por las grandes penurias que tuvieron que sufrir y los muertos que dejaron, llamaron a este lugar "el valle de las tristezas" donde pereció toda la servidumbre de indios que llevaban y algunos españoles y quedaron tan débiles y extenuados que casi no consiguen regresar.

De nuevo la imaginación, otra forma de guerrear de los Mhuysqas del altiplano, puso en derrota al ejército invasor, pero no por mucho tiempo, pues resentidos por los engaños de los indios, los españoles suachies decidieron volver a Bacatá, repartir el botín, prender a Tisquesusa y fundar una población que les sirviera de asiento para vivir y dominar a los pueblos locales.

Por segunda vez instalados en los palacios del Zipa Tisquesusa, el ejército Español se repuso de la penosa jornada de Neiva, gracias a los cuidados, alimentos y vestidos que les suministraban los indios.

Ante los clamores de la tropa y algunas desavenencias que se presentían venir, Quesada y sus capitanes decidieron repartir el Botín. "Determinaron que se partiese el oro y esmeraldas que se había juntado en todas partes, dando a cada uno lo que le tocaba, por lo cual se nombraron jueces al modo que se suele hacer en tales ocasiones y

---

[88] Ibíd.pág. 93-94

sumado primero todo, se sacó lo que tocaba a los reales quintos" (es decir, la quinta parte para el Rey), luego se asignaron las partes que correspondían, al Adelantado Pedro Fernández de Lugo, quien financió la expedición; al Licenciado Jiménez de Quesada, Jefe de la Expedición, al hombre de a caballo doblado que son dos partes, a los capitanes doblado que a los jinetes, y por este orden a los demás oficiales, aunque sin disgusto de los que juzgaban ser mayores sus méritos que las pagas que les daban y aun las que otros tenían que iban mejor premiados, suceso ordinario en tales ocasiones por ser imposible contentar a todos."[89]

Sobre las esteras de junco ambarino se mostraban a los ojos atónitos de los Españoles Suachies; en un lado, las mil formas de oro de dioses y animales con poderes sagrados, y, en el otro lado, las esmeraldas brillando con su propia luz.

Resplandecían las balsas de oro, mostrando imponentes a sus caciques rodeados de chamanes, princesas, músicos y valientes guechas. También se distinguían representaciones estilizadas de Bochica y Bachue; Uzaques de oro con cascos terminados en punta retorcida, armados con tiraderas, macanas, lanzas. Soles y lunas con divinos rostros humanos. Coronas con dibujos, petanas, brazaletes, tobilleras, collares, bastones de mando con empuñaduras en forma de serpientes. Aves biformes, triformes. Murciélagos y felinos con rostro humanos. Zipas en andas y Zaques divinizados con el rostro del sol. Vasos ceremoniales de doble serpiente, bandejas para rituales, ocarinas, flautas y tambores esperando el soplo divino de la inspiración musical. En el otro lado; las Guacatas esmeraldinas vibraban en silencio con el movimiento cadencioso de las manos que las tocaban, esperando llenar de vida el cuello de las Reinas más hermosas de Europa. Y, se figuraban luciendo en los dedos de los reyes, aumentando su poder, mucho más de lo que podían imaginar.

---

[89] Simón Pedro. Tomo II. Pág.100.

EL MHUYS QA

SU HISTORIA

Quyhyna Ie [90]
El primer camino

Cuando las huellas del mastodonte se perdieron en los bosques de alta montaña y niebla, un grupo de cazadores, hace quince mil años, con sus mujeres e hijos, se internaron entre los escarpados bosques de niebla para escalar de nuevo la montaña. El frío que los hizo regresar en otras ocasiones ya no era problema porque se cubrían de gruesas pieles de oso, venado y puma, animales, cazados en los valles y bosques del gran río. Además, llevaban trozos de carne seca y pescados ahumados, por si acaso, la cacería era infructuosa. Estaban decididos a conocer el lugar donde aparecía el sol y donde se escondía el Mastodonte. Muchas veces debian detenerse ante los profundos abismos que los obligan a volver y seguir por el filo del río, que nace en las montañas. En las noches prendían fuego al abrigo de inmensas rocas o cuevas que hallaban en el camino y se calentaban con las pieles adaptadas a sus cuerpos. Afortunadamente, los grandes animales han abierto una especie de sendero entre la espesura del bosque, y pueden ver incluso en la oscuridad. ¿De dónde vinieron?, posiblemente de las grandes migraciones del norte que pasaron por Bering hace 30.000 años, procedentes de Asia. O de navegantes empujados por las corrientes del pacífico procedentes de Australia y los archipiélagos, o

---

[90] Palabra Mhuysqa derivada de "Quyhyna", primeramente y, "Ie", camino, vientre y comida. González (1987) Op.Cit: 207, 304, 216 y 333. "Quyhynaie" alude al primer camino del vientre y la comida, propuesto para designar la llegada de los primeros cazadores recolectores que siguiendo a los mastodontes y venados, descubrieron la sabana de Bogotá, de acuerdo con los hallazgos arqueológicos y su ulterior transformación en agricultores sedentarios, ancestros del Mhuysqa.

de pueblos antiguos del viejo continente lanzados a través del Atlántico sobre nuestras costas[91].

Recuperado: https://www.semana.com/nacion/articulo/el-arte-rupestre-escondido-en-el-parque-de-chiribiquete/354753/

De modo que fueron navegantes, intrépidos, deseosos de encontrar otras playas y perdidos en las tinieblas, emprendiendo la aventura de cruzar el mar, dejándose llevar por las corrientes circulatorias que los trajeron desde las pequeñas islas regadas en el pacífico occidental, hasta las costas tropicales, del continente americano. Aprisionados por el movimiento oceánico, sortearon la contracorriente cálida que baña estas costas. La fuerza de sus aguas, les opuso resistencia y en su viaje hacia el sur, bordearon las orillas, estableciendo contacto con los pueblos, asentados en las bocas de los ríos, aprendiendo de un modo u otro, y enseñando los conocimientos aprendidos durante la

---

[91] Según Paúl Rivet, la variedad de tipos raciales que distingue a los indígenas de América se debe a los diferentes grupos que poblaron el continente. Los mongoles procedentes del Asia pasaron por Bering y poblaron América del norte y central. Los polinesios hábiles marinos atravesaron parte del océano pacífico y se ubicaron en la costa occidental de América. Los malayo polinesios, procedentes de Malasia, Oceanía y el sur este Asiático, poblaron América del norte y la parte central, finalmente los Australianos entraron por la patagonia y tierra del fuego, poblando sur América. Teoría a grosso modo más aceptada de procedencia del hombre americano. Mirambell, Lorena. (2001):19 y Medina De Pacheco (2006):29.

gran travesía.[92] Las lluvias no los sorprendieron porque escogieron la época seca, cuando las ranas se recogen y el cielo azul sin nubes deja que penetre el sol. Así pasaron algunos días, hasta que oyeron un ruido similar a los espantosos rugidos de la tierra que tiembla. Presos de terror, intentaron huir; pero el más osado del grupo les hizo comprender que el ruido no los sigue ni los quiere devorar. Deducen que el ruido viene por encima del río, que nace en las montañas y tímidamente siguen por la orilla, comprendiendo en la atmósfera húmeda, que el rugido procedía de una inmensa cascada.

En efecto, el gran salto de espuma y agua hundiéndose en el abismo, los dejó magnetizados. Después de reponerse de la maravillosa visión, siguieron por los enormes precipicios a un lado del salto y escalaron los rizados cerros para evadir la portentosa caída de agua. Después, vadeando el río, en un día soleado, sin nubes, alcanzaron a divisar la gran sabana que se abría ante sus ojos como un mar verde, cubierto de niebla perdido en el horizonte.

Recuperado: https://www.rcnradio.com/estilo-de-vida/medio-ambiente/el-salto-del-tequendama-en-riesgo-de-desaparecer

Por fin habían llegado a la tierra donde nace el sol, se mece la luna y se esconde el mastodonte. Así fue el primer descubrimiento de la

---

92 Olarte Reyes, Oscar.(2006) Prisioneros del Ritmo del Mar:11

sabana de Bogotá hace 12.500 años por los primeros cazadores recolectores que subieron por la cordillera oriental desde el río de la Magdalena. Los segundos visitantes vendrán por el oriente, los terceros por el sur y los últimos serán los españoles por la ruta del norte a través del gran río guacahayo, el río de la muerte.

Recuperado: https://conexioncapital.co/bogota-ha-tenido-tantos-arcoiris-esta-semana/

Caminaron con dificultad sobre un suelo húmedo, colchones de musgo y tupida hojarasca hacia la parte plana donde encuentran bosques de Corono, Espino y Raque; más adelante árboles de Cerezo, Aliso, Arboloco, Arrayanes y abundante matorral de Tuna y Ayuelo. Siguen a tientas dejándose guiar por el rastro de los mastodontes y el murmullo lejano del río.

La tenue brisa y los claros del bosque los van guiando hasta unas grandes piedras, donde llegan gritando de felicidad. Han encontrado un abrigo rocoso, un lugar que los protegerá del frío, la lluvia y el viento, ¿por cuánto tiempo?

En la noche, en medio del frío, desde el abrigo rocoso del tequendama los paleoindios observaron la cadena de cerros que se levanta por el oriente, mientras ubchihica, la luna llena iluminaba el cielo; entonces comprendieron que aún no han llegado donde nace el Sol y la Luna.

En los días siguientes, los paleoindios decidieron ir hasta los cerros orientales. Pasaron los caudalosos ríos atados con cuerdas de junco, siempre portando sus pesadas lanzas, algunos luciendo collares de colmillos y cubiertos con pieles de venado, oso y jaguar. Siguieron por la confluencia de los ríos y reconocieron, los boquerones, los bosques y las manadas de venados trotando sobre la pradera.

Atrás, dejaban los inmensos Cedros, con sus copas globosas cargados de frutos de cinco valvas, y los imponentes Robles con su follaje redondo verde oscuro. Observaron el piso cubierto de hojarasca amarilla teñida de rojo, donde estaban impasibles algunos venados comiendo bellotas. Más allá un bosque de Encenillos mohosos, forrados con festones de musgo gris, descolgándose como barbas y en sus ramas, a duras penas se podían sostener inmensos quiches morados.

Recuperado: https://elsolweb.tv/la-historia-no-contada-de-los-cerros-orientales-de-bogota/

Observaron por primera vez la confluencia de los ríos y quebradas en la boca del monte que forman los dos cerros que se levantan imponentes en medio de la sabana y se pueden ver desde cualquier ubicación.[93] Comentaron el prodigio del lugar, donde se puede sentir el milagro de la vida y en la profundidad del bosque, descubrieron con estupor «ante la inmensidad de los abismos que se yerguen entre los dos cerros» el éxtasis que provoca la naturaleza con el fluir del viento y la aparición del arcoíris. Estar y ver, volver una y otra vez, palpando, observando, apreciando el territorio y sin saberlo, sintiendo la influencia del lugar en la formación de su futura identidad. Tiempo después, en una exploración hacia el norte, un grupo de cazadores, encontró rocas blancas brillantes al sol y el que decidió probar, el

---

[93] Cerros de Monserrate y Guadalupe en Bogotá.

hallazgo de la sal. El sorprendente sabor, se difundió pronto por los-grupos nómadas establecidos en torno a los abrigos rocosos de la sabana, que para esta época ya eran numerosos, y la sal de roca, que pronto se convirtió en un elemento fundamental en la dieta de los paleoindios.

Recuperado: https://conexioncapital.co/plan-para-el-fin-de-semana-en-bogota-senderismo-en-rio-san-francisco-vicacha/

En efecto, mucho antes que brotara el esplendor de la cultura Mhuysqa, en la sabana de Bogotá y sus alrededores, detrás de los cerros, valles y laderas de oriente, el hombre prehistórico procedente de varios lugares del continente, entro por primera vez a la sabana persiguiendo mastodontes y manadas de venados (Odocoileus), que abundaban en la altiplanicie, como lo demuestran los hallazgos arqueológico, en los abrigos rocosos del Tequendama, Aguazuque en Soacha y El Abra en Zipaquirá. Los cazadores paleoindios estaban presentes en el área por lo menos hace 12.500 años. Grandes áreas de las cordilleras y los valles interandinos estaban cubiertas de vegetación abierta (páramo o vegetación seca abierta) y había conexiones entre los tipos de vegetación de "abierta fría" y "abierta seca", por lo menos en partes de las laderas occidentales de la cordillera oriental Colombiana. Una apreciable población de elementos de la megafauna (Mastodontes y caballos) ocuparon estas áreas abiertas, junto con animales más pequeños como el venado (Odocoileus). [94] Para com-

---

[94] Correal U.G, y Van der Hammen, T (1977) Hammen.(1996):13 y Correal.(1990):9

probar la antigüedad de los hombres prehistóricos, los investigadores, entre otros métodos, utilizaron la técnica del Carbono catorce (C14) para analizar los restos de esqueletos humanos, restos de animales, vegetales, utensilios de hueso y piedra, hallados en los abrigos rocosos del Tequendama en Soacha. Así pudieron calcular la edad de los hallazgos y reconstruir, en gran parte, el ambiente, las costumbres y el modo de vida de los primeros pobladores.

La técnica del Carbono Catorce (C14) consiste en el hecho comprobado que la atmósfera recibe de manera constante radiaciones cósmicas, las cuales desencadenan desintegraciones atómicas en forma de (C14) absorbido en cantidades constantes por los organismos vivos, fijándose en los huesos, troncos de árboles y toda cosa viva, absorción que termina cuando los organismos mueren y se inicia un proceso inverso; es decir, empieza a disminuir la cantidad de (C14) absorbida, permitiendo establecer el tiempo transcurrido desde la muerte de la muestra orgánica hasta el tiempo en que fue hallado.[95]

La evolución del hombre de la sabana, como en todas las partes del mundo, atravesó por diferentes períodos culturales este proceso. El primero corresponde al paleolítico, de la antigua edad de piedra o precerámico donde según los hallazgos arqueológicos, saben hacer fuego y se dedican a la cacería empleando instrumentos de piedra y hueso, pero aún no conocen, la alfarería, ni el arte del tejido en algodón. En la cultura paleoindia, el arte de la piedra adquirió un importante desarrollo: fabricaron raspadores para limpiar las pieles, perforadores para abrir orificios en las pieles, percutores para golpear y triturar huesos, cabezas de mazas usadas como armas. Morteros y molinos planos para triturar hueso, granos y otros usos.

Utilizaban piedras de sílice conocidas con el nombre de "Chert" «que hoy también podemos recoger en cualquier río o camino», piedra que provienen de la formación del cretáceo superior, es decir, que pueden tener entre 110 y 70 millones de años. Y, como aprovechaban todo lo que los animales, les ofrecían también desarrollar el arte del cuero, en la confección de rudimentarios, gorros, capas, talegos y toldos para protegerse del sol, del viento, de la lluvia y el frío. Caza-

---

Van der Hammen (1992).
[95] Devereux Paúl (1993):66 y Salvat (1975) N° 2.Pág. 34

ban: mastodonte, venado, armadillo, oso, cachufe o puerco de monte parecido al jabalí, tigre y puma; con los huesos de los animales que cazaban inventaban: finos puñales, desangradores en hueso de felino, punzones en hueso largo de zorro, filudos cuchillos en omoplato de venado, raspadores, punzones dobles con canal, bruñidores, cucharas en concha de caracol y hasta flautas de hueso construidas con radios humanos. [96]

En esta etapa de la evolución humana, el arte de la cacería fue la actividad más importante y peligrosa. Contribuyó a desarrollar actitudes y valores; por ejemplo, el sentido de pertenencia y coordinación dentro del grupo. Al surgir el miedo, se transformó en arrojo frente al animal enfurecido. La inteligencia y el instinto de conservación se ponían a prueba en un momento decisivo de vida o muerte. El desarrollo de habilidades y destrezas en el arte de la cacería demandaba un profundo conocimiento de las costumbres del animal, del terreno, dirección del viento, coordinación en los movimientos de acoso, envolventes, divergentes o fintas para confundir la orientación de la presa, destreza en el manejo de la lanza y habilidades para conseguir un buen descuartizamiento de la presa.[97]

Es posible concebir una escena de cacería en aquellos tiempos del paleolítico similar a la relatada por Fray Antonio Tello, en plena conquista, en una tribu de cazadores nómades que él encontró persiguiendo búfalos: «De un flechazo, le hizo echar mucha sangre por la boca y luego todos arremetieron a la cola y dieron tantas vueltas con el búfalo que lo derribaron y el más diestro le volvió los cuernos abajo; y lo primero que hicieron fue sacarle la gordura de los párpados de los ojos y comérsela así caliente y luego con unos pedernales, como si fueran cien hachas, lo fueron cortando por sus coyunturas y lo desollaron, habiéndole abierto por el lomo y sacándole el redaño y gordura de los riñones, que luego se lo comieron y después las criadillas, luego sacándole las tripas, la sangre que había quedado en el cuerpo, la bebieron, cogiéndola con dos manos como quien bebe agua

---

[96]Correal. (1990): 31, 54,116 y Groot de Mahecha: 59.

[97] Correal. (1979):51, citado por Ardila. (1984):28 sugiere que perseguían a su presa por largo tiempo hasta despeñarlas por los precipicios y después rematarlas.

del arroyo. Llevaban un tizón de boñiga ardiendo y luego juntaron otras boñigas e hicieron lumbre, cogieron las tripas y fueron vaciando la basura y humor que tenían, exprimiéndolas con las manos y aquellas revueltas a la lumbre se las comieron.

Luego un indio dio una cuchillada pequeña en el buche del torillo y puso hierbezuelas porque no saliese sino el agua y la bebió como si fuese del más claro manantial y tomando un pedazo de carne, metían en la boca lo que cabía y partiendo con un pedernal lo que quedaba, medio mascado lo tragaban». [98]

En otra escena se los puede ver recorriendo el territorio, en los alrededores de Soacha donde se encuentra el abrigo rocoso del tequendama, vestidos rústicamente con pieles de venado y mastodonte por los bosques del "Cerro del Fute", recolectando frutos y raíces y por las orillas de la laguna "La Herrera" y río Bogotá, pescando y recogiendo cangrejos, ostras y caracoles.

Después se reunían alrededor de los fogones, mientras cocinaban sopas de moluscos en caparazones de armadillo o en bolsas de cuero con piedras calientes, que prueban con cucharas de caracol, dos o tres indios ensayando una melodía con tambores de cuero y flautas de hueso humano.

Por el oriente, llegaron otras migraciones a la sabana procedentes de las llanuras ardientes de los Llanos. Acosados por reptiles e insectos venenosos, animales salvajes, atmósfera abrasadora, huyendo de emanaciones pestilentes en esteros y pantanos en las márgenes de los caudalosos ríos, las tribus nómadas del Orinoco buscaron otras posibilidades de supervivencias dirigiéndose hacia las alturas de la cordillera. [99]Algunos grupos penetraron por el casanare procedente de las fuentes saladas de Chita y el río Pauto, por donde penetró la migración de los "Tamas", según Miguel Triana[100] ya extinguida. Dejaron nombres geográficos de etimología chibcha, como Nunchia, Guachia, Vijua, Moniquirá, Guazá, Chaguaza, Ochica, Buasia, en los alrededores y fuentes saladas de la cordillera. "Vijua" se llamaba el pueblo de la sal que hoy se designa con el nombre de Labranzagrande.

---

[98] Fray Antonio Tello(1.567-1.653), Citado por :D´olwer.1963:338

[99] Zerda liborio (1882) Tomo I: 153

[100] Triana Miguel (1921) (1951) La Civilización Chibcha: 48

El río Pauto, en la prehistoria fue el sendero de las migraciones hacia Sogamoso, las tribus caribes buscaron por el noreste de Cundinamarca, los boquerones del río Guavio, río Somondoco, río Machetá. Poblando las tierras del norte e imponiendo la cultura del Sol.

En cambio, por el Sureste de Cundinamarca penetraron otras migraciones venidas del sur, por el cañón que forma el río Negro, desde el río guayuriba, para ascender a las alturas de la sabana, llevando consigo la cultura del agua.

En las rutas de acceso por los boquerones que conectan los llanos con la sierra, es posible encontrar pictografías con mensajes que apenas empezamos a comprender.[101] Por Garagoa, provincia de Almeida, en los municipios de: Tibiritá, Manta, Machetá y Suesca. Por la provincia del Guavio, en los municipios de: La Calera (antiguo Teusacá), Guasca y Guatavita. En la provincia de oriente, en los antiguos pueblos indígenas que hoy solo conservan sus nombres Chibchas desde Fosca, Une, Chuntiba (Gutiérrez), Quetame, Cáqueza, Chipaque, Ubaque, Fómeque, Choachí, hasta Bacatá (Bogotá). Como una prueba toponímica del pasado que pudo empezar hace miles de años.

Del sur es posible que se hayan producido una o varias migraciones preincaicas en tiempos antiquísimos, desplazándose por la cuenca del río Amazonas, río Caquetá, hasta la cordillera oriental. En su camino, las migraciones dejaron grabados en inmensas piedras petroglifos y jeroglíficos con figuras y motivos similares a los desarrollados después por las culturas chibchas.

En la comarca del Araracuara en el curso del río Caquetá se han podido inventariar 5000 petroglifos, con una antigüedad aproximada de 10.000 años, y en la sierra del Chiribiquete se encontraron jeroglíficos que muestran llamas Incas con una antigüedad aún sin confirmar de 50.000 años.[102] En las regiones del Amazonas, en las serranías de monte alegre, en la desembocadura del río Branco, en las orillas del Vaupes, en las soledades del río Para. En las cataratas de Madeira, región del Brasil. Aparecen figuras que a juicio de los investigadores del siglo XIX fueron ejecutadas por una misma raza, pues son

---

[101] Botiva Contreras, Álvaro (2000) Arte rupestre en cundinamarca.

[102] Urbina Fernando (1994) El hombre sentado. Mitos, ritos y petroglifos en el río caquetá: 74 y 79

de la misma naturaleza que las del Orinoco: imágenes del sol y la luna, animales, embarcaciones, rostros, figuras humanas en diferentes posiciones, triángulos, cuadrados, círculos, líneas, espirales y anillos concéntricos.

El mito de creación Inca supone que los hijos del Sol y la Luna, Manco Capac y Mama Ocllo, hermanos y esposos a la vez, emergieron de las profundidades del Lago Titicaca, para poblar la tierra. Mito parecido a Batchue emergiendo de la laguna de Iguaque con su niño esposo para poblar el mundo. Los Incas también fueron castigados con un diluvio (pachacuti) similar al diluvio que recibieron los Mhuysqas con grandes inundaciones hasta que llegó Botchica el salvador. En forma sorprendente, se encuentran palabras similares en ambas culturas. "Viracocha" era el supremo dios creador de todas las cosas entre los Incas. El mismo nombre invertido "Cochavira" era entre los Mhuysqas el arcoíris, dios benefactor de los enfermos y de las mujeres en parto. Símbolo del septenario cósmico, camino de comunicación entre lo celeste y lo terrestre, coincide con la alianza que estableció Dios de los Cielos con los hombres de la tierra, dejando como símbolo de esta unión cósmica, el arcoíris.[103] Topónimos y palabras con significados similares se encuentran en ambas culturas Mhuysqa e Inca.[104] La doble serpiente, que abunda en los vasos ceremoniales Mhuysqa, era el símbolo del Inca, dos serpientes en círculo unidas en la cola y juntando sus cabezas en medio del arco.

Importante para el arte rupestre es el descubrimiento en los entierros paleoindios de Suacha y Zipaquirá de molinos en piedra plana para triturar y disolver ocre rojo, "sangre de la tierra", compuesto de arcillas ferruginosas, utilizadas como tinta indeleble sobre las piedras. Estos colorantes empleados desde la más remota antigüedad, permite apuntar a que los jeroglíficos hallados en los abrigos rocosos del Tequendama y en otros lugares de Cundinamarca y en general en todo el continente, tienen relación con la cultura del lítico.[105]

---

[103] Escribano Mariana. Mitos (2002):162. Génesis 9, 12,17.

[104] Rozo Gauta (1977): 14,15 citando a Carlos Cuervo Márquez (1903) Apuntaciones sobre los orígenes del pueblo Chibcha, menciona varios ejemplos. En este punto conviene revisar los trabajos de lingüística comparada Quechua - Mhuysqa.

[105] Botiva Contreras, Álvaro.(2000) Arte rupestre en cundinamarca y Argüello García (2000) Historia de la investigación del arte rupestre en Colombia y Correal.1990:41

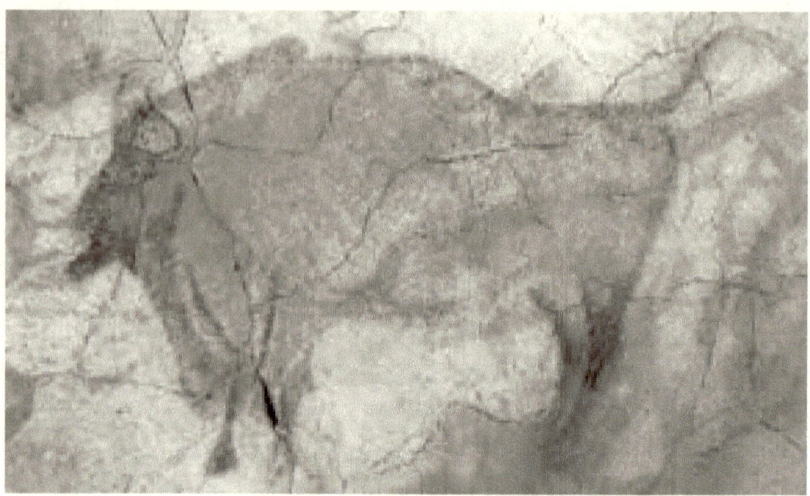

Recuperado: http://openarchive.icomos.org/id/eprint/949/1/manual_arte_rupestre_de_Cundinamarca.pdf

En algunos lugares ubicados en los municipios que se encuentran en "las rutas perdidas de las migraciones" donde se iban facilitando los asentamientos humanos, quedaron en las rocas y cuevas jeroglíficas, que desafortunadamente fueron destruidos o se han perdido para siempre. En el camino perdido Mhuysqa que venía de los Llanos a Bacata, próximo a la población de Une, en un valle de rocas, se encuentra una piedra con jeroglíficos, denominada "Piedra de los sacrificios"[106] resalta en su base un zócalo pintado de rojo, con algunos dibujos como peldaños de escaleras terminados con una figura de hombre y a un lado hileras con muescas o rayitas análogas a las dibujadas en una piedra hallada en Potreritos-Choachí, de la que nos ocuparemos posteriormente. En Chipaque, también se conservan pictografías en un abrigo rocoso sobre la margen izquierda del río Une en la vereda Querente y otra piedra con jeroglíficos en el costado sur del cerro Bochica[107]. En la ruta que siguieron por el río Negro, entre la Unión y la vereda Chivaté- Choachí, hay noticias de petroglifos en las piedras de río Blanco y aún es posible encontrar vestigios de ca-

---

[106] La piedra se localiza a 2.6 kilómetros de Une en la vereda Cumbura a una altura de 2.480 msnm. corresponde a la piedra N° 5 reseñada por Álvaro Botiva (2000) Op. Cit. Pág. 67

[107] Ibíd. .Op.Cit: Pág.70-72.

minos de piedra muy antiguos entre Bogotá, Choachí, fúmeque y Ubaque.

Recuperado de internet: http://unperiodico.unal.edu.co/pages/detail/colombia-apenas-conoce-el-1-de-sus-pinturas-rupestres/

En el camino de Choachi, en un valle con piedras (muy parecido al vallecito descrito de Une), se encuentra un abrigo rocoso pintado con jeroglíficos en un sitio llamado "potreritos." Por la ubicación del abrigo rocoso y por su orientación a la salida del sol, supone una función religiosa (rogativa con votos y plegarias al dios Sol) posiblemente solicitando a sus deidades tutelares, la fuerza necesaria para continuar el ascenso, indicado por un «hombre-rana» con los brazos en alto, en actitud de subir por una escalera con peldaños en forma de equis, que pueden simbolizar a "Ie Cuhuma" El camino largo, hacia la transformación espiritual y las espirales que se observan a un lado cayendo, pueden expresar las peligrosas evoluciones de "Abos" el cosmos, que se producen en el ambiente frío y yermo del páramo. Sobre la misma ruta, aparece otra piedra de enormes dimensiones, encima de un cerrito, con abundantes árboles Gaques, orientada hacia la puesta del sol y de frente a Piedra azul a un peldaño del ascenso al páramo, junto a un nacedero de purísima agua, donde posiblemente se hicieron ofrendas con celebración de ceremonias especiales.

Por la intensidad y distribución del ocre rojo en el zócalo y su ubicación mágica, tiene todas las características de haber existido allí un santuario, donde se debieron realizar eventos religiosos a los dioses del páramo por la cacería de venados, como lo demuestra el dibujo donde se observan venados y ranas y pequeñas muescas en hileras revelando posiblemente el número de integrantes de la tribu de cazadores que siguieron por el camino o de un movimiento humano y cultural de gran impacto, que se daba en el momento de las migraciones o intercambios.

Esta es la piedra que guarda similitud con la de Une, descrita antes y posiblemente ejecutadas en la misma época y por la misma cultura. Los signos y dibujos que dejaron las migraciones por los ríos se extienden por América del norte y del sur, en forma de petroglifos grabados sobre las rocas o jeroglíficos pintados con ocre rojo. Las extensas regiones del Orinoco, desde su desembocadura hasta su nacimiento en la cordillera de los Andes, contienen numerosos jeroglíficos. Paúl Rivet afirma que las culturas de Sur y centro América vienen de un solo centro localizado en las regiones del Amazonas y Orinoco.[108]

Recuperado: https://mapio.net/pic/p-63183947/

En el norte de los Andes, en territorio Venezolano, en la cordillera de Barquisimeto, en los cerritos de Padilla, Siquisique, río San Pedrito entre Yaritagua y Urachiche, Carabobo y sobre las costas del mar caribe. En las cataratas del Orinoco, sobre unas rocas se ven las imá-

---

[108] Rivet, citado por Rozo Gauta (1977):14

genes del sol y la luna. Zerda citando a Humboldt, observa que algunos jeroglíficos tienen relación con el alfabeto fenicio, porque en una isla, frente a Keri veneraban un disco en forma de sol que designaban con el nombre de: "camosi" semejante a "camosch" nombre del sol en uno de los antiguos dialectos fenicios.[109]

Las figuras con manos pintadas se encuentran en muchas partes de América del norte y del sur porque, los antiguos veneraban el poder de las manos, y su figura era una manera de plasmar la personalidad del autor o coautores, como la firma o la huella en nuestra época.

Tratando de descifrar los jeroglíficos americanos, el Dr. Zerda llegó a la siguiente conclusión: "La pictografía simbólica hallada en el territorio colombiano, fue ejecutada por una raza diferente de los indios conquistados por los españoles. En general tiene el mismo carácter que la de los valles y cordilleras de Venezuela y de las márgenes del Orinoco; y aun cuando hasta hoy ha sido imposible descifrarla, parece que pertenece a la misma raza, a medida que fueron extendiéndose de norte a sur las emigraciones que las ejecutaron. Todas tienen figuras comunes en todo el continente."[110] ¿Si no fueron de la misma raza o sus descendientes los autores de los jeroglíficos, de dónde surgieron los indios que encontraron los españoles?

La raza que talló o dibujo las figuras sobre las rocas con pintura roja indeleble (ocre) en el transcurso de milenios, pudo ser una de tantas razas que llegaron al Continente y se integraron en un período de miles de años, pasando por el neolítico, el arcaico, y el formativo, hasta la simbiosis racial en la que nos encontramos.

En la misma forma surgió otra manera de establecer comunicación con los destinatarios de los mensajes. El cambio se produjo gradualmente con el hallazgo de nuevas maneras de comunicación que evitaron el uso de las grandes rocas: estos es, con dibujos grabados en pequeñas piedras, en cerámica, en tejidos de algodón y con el descubrimiento de la metalurgia, en oro y tumbaga[111]. Desde ese momento ya no hubo necesidad de dibujar en las grandes rocas para consignar un pictograma, como ahora no tenemos necesidad de papel para en-

---

[109] Zerda liborio. Tomo II. Pág.171 y 172
[110] Zerda Liborio (1882) (1972) El Dorado. Tomo II:187
[111] Tumbaga, mezcla de oro y cobre.

viar un mensaje, pues lo que se iba sintiendo y viviendo, se podía plasmar en una manta, una vasija o en una figura de oro, para invocar la intervención de los dioses, un poder mágico o realizar un pagamento. Es plausible, de esta manera, explicar por qué algunos indios que hallaron los españoles no sabían responder por la antigüedad de los jeroglíficos y su interpretación nunca fue suficiente —con algunas excepciones—, en el caso de las piedras calendario, que aún se discute si son calendarios o piedras matrices para elaborar figuras votivas. Votivo, con el significado de ofrenda religiosa ofrecida por sentimiento o voto, o, por algún motivo especial.[112]

No obstante, el arte rupestre indígena sigue siendo una incógnita y un reto para quienes intentemos acercarnos a él. Dice el profesor José Rozo: «Pues su comprensión, requiere ubicarlo en el contexto de una totalidad cultural a la que es necesario conocer, y a la que se va a enriquecer con nuevos conocimientos e interpretaciones. En el caso de los muiscas, debemos aceptar que nuestros conocimientos son insuficientes, pero, lo poco que sabemos, ya nos permite acercarnos a la creación de contenidos culturales y simbólicos, que pueden, sino acercarnos a los muiscas, construir un imaginario que nos lo represente, observación y descripción, solo posible, desde observadores nómades, que asuman la Multidisciplinariedad».[113]

En efecto, es difícil saber exactamente cuál era el pensamiento de los artistas o sacerdotes aborígenes que dibujaron los jeroglíficos entre 17.000 Y 10.000 años antes de nuestra era.[114] A nosotros, simples espectadores del pasado, solamente nos queda la intuición y la posibilidad de suponer un mensaje, de acuerdo con el contexto histórico, cultural y ambiental en el que fueron concebidos. Por ende hay una piedra con jeroglíficos dibujados por los antiguos humanos que habitaron el altiplano portando un mensaje de sucesos, o, simplemente, plasmar acontecimientos futuros.

---

[112] Sobre esta controversia ver el trabajo de: Stanley, Long, (1989) Matrices de piedra y su uso en la metalurgia muisca:44

[113] Rozo Gauta José (2006) Bachue: Relación, mito, arte rupestre.

[114] Esta es una cifra aproximada de acuerdo con los estudios realizados por: Botiva Álvaro (2000): 12-13; Martínez Celis Diego.Et.Al. (2002): 6 y 38. y Urbina Fernando(1994) : 79

Ynchi Iansuca [115]
El encuentro con otros

En la sabana de Bogotá, los cazadores recolectores que habitaron en abrigos rocosos y después en toscas viviendas construidas con ramas de árbol, chusque y juncos, empezaron hace unos 5.000 años —según los hallazgos arqueológicos— a domesticar las primeras plantas gramíneas, raíces y tubérculos. Fue un lento proceso de integración con la naturaleza, pero que dio sus frutos con el paso del tiempo. De modo que, observaron entre otras cosas, la gestación, desarrollo y variación vegetal de las semillas. Conocimiento que relacionaron con los cambios del clima y los fenómenos atmosféricos.

Recuperado: https://www.tripadvisor.es/Attraction_Review-g294074-d16813116-Reviews-Cerros_Orientales-Bogota.html

Así, prepararon los terrenos y sembraron en tiempo seco, esperando la llegada de las lluvias y aprendiendo que la germinación era un

---

115 Ynchi iansuca, encontrarse con otros. Diccionario y gramática chibcha del Monje anónimo. González Maria Stella. (1987):255

acoplamiento del sol y la luna, entre los períodos señalados por el movimiento de las constelaciones, y sobre el perfil de los cerros, las fases de la luna, y de ciertas estrellas que los guiaban.

En cientos de años de observación, los más sensibles iban formando un rudimentario registro de experiencias, que transmitían a sus descendientes, de generación en generación, hasta ir perfeccionando un calendario *«lunisolar»* en armonía con las estaciones, el ritmo lunar y las posiciones del sol, y las estrellas, sobre los cerros.

Recuperado: Mariana Escribano. https://www.youtube.com/watch?v=3v40fT9YN4w

En esta secuencia de sucesos naturales y pruebas espontáneas, es posible que se hubiera desarrollado un conocimiento auténtico libre de cualquier influencia exterior, pero también pudieron ocurrir encuentros con migraciones muy lejanas procedentes de Eurasia[116], integrados por pequeños grupos de emigrantes, con otros conocimientos que difundieron entre los locales, favoreciendo el desarrollo de nuevas experiencias, astronómicas, agrícolas, medicinales y artesanales. Es decir, que la avanzada cultural de Eurasia no llegó en las naves de Cristóbal Colon en 1492, sino mucho antes, en la prehistoria, de los pueblos Americanos. Dicha opinión sostenida por numerosos investigadores extranjeros y nacionales basándose en las similitudes que se han encontrado entre las culturas foráneas y locales, comparando cerámicas, piezas de orfebrería y costumbres entre los pue-

---

[116] Eurasia, conjunto geográfico formado por Europa y Asia.

blos antiguos que habitaron los continentes de Eurasia con los de América [117].En torno de las visitas Euro-Asiáticas al continente, en la época prehistórica, se menciona la formación de una corriente ecuatorial doble, en el océano Pacífico, que se desprende de las costas occidentales de América, y otra contra corriente que partiendo del Asia se dirige a la América entre las Filipinas y el Japón, hacia las costas de California, México y golfo de Panamá. Esta corriente ecuatorial del norte, es análoga al Gulf- Stream (corriente del golfo) y lleva el nombre de corriente de Tessan, nombre del primero que descubrió su marcha. Los japoneses desde tiempo inmemorial la llaman "Kuro Sivo" o Río Negro.[118] Durante el siglo XIX se pudo comprobar la llegada de Juncos Japoneses abandonados en el mar a la deriva y traídos por la corriente mencionada hasta las costas de América, confirmando que accidentes similares a estos pudieron ocurrir en tiempos remotos. En 1971 un grupo de investigadores Japoneses realizó la travesía en un junco similar a los utilizados por los antiguos, desde la costa Africana hasta la costa Suramericana.

---

[117] Sobre el tema se puede consultar la obra publicada en Internet por: Jorge E. Isaac Ramírez (2006) El poblamiento del nuevo mundo: Un vacío continental.
[118] Zerda Liborio (1882) (1972) El Dorado. Tomo II: 119-120 Siguiendo a Quatrefagues, Morton y Smith.

El encuentro con monjes budistas de la china lo describe Liborio Zerda[119] a partir de los trabajos del sabio orientalista José de Guignes sobre las navegaciones Chinas del lado de América, que publicó en 1761, en donde se cuenta que en escritos de antiguos historiadores Chinos, se menciona que misioneros Chinos Budistas descubrieron en el siglo V de nuestra era, un país que los indígenas llamaban "Fousang". La prueba de esta aseveración estaría en el documento escrito por el misionero Budista «Shin-Hoei» que en el año 499 d.C.: describe sus observaciones hechas durante sus viajes a América puestas a disposición de los Gobernantes Chinos, quienes lo depositaron en los anales del «Celeste Imperio». Charles Fréderic Neumann reveló también y tradujo correctamente el manuscrito Chino para concluir que en el año 458 después de nuestra era y antes que Shin Hoei, cinco monjes Budistas viajaron desde la Crimea al extraño y lejano país de "Fousang".

Según Humboldt, en el once siglo de nuestra era, vinieron monjes tibetanos, tártaros chamanistas y ainos barbudos de las islas de Sajalin próximas al Japón, de donde procedían Bochica, Manco Capac y Quetzalcoalt, célebres patriarcas de los pueblos chibcha, inca y azteca. Influenciado por estos trabajos y otros procedentes de sabios Europeos, el Dr. Liborio Zerda (1833-1919)[120] siguiendo a Messie de Paravey, explicó en sus notas, sobre los orígenes de los indios americanos publicados en el Papel Periódico Ilustrado de Bogotá en 1882, que, «Bochica» es una palabra formada de Fo y Cheika, nombre del fundador del budismo, religión antigua de China, que después pasó al Japón. En lengua Japonesa la palabra Fo se pronuncia Bo y Cheikia es Chaca de donde se forma la palabra Bocheika semejante a Bochika". Messie de Paravey agregó, nuevos hechos y palabras procedentes de los árabes antiguos y los vascos.

La palabra Zipa es muy semejante a la palabra Sope, palabra compuesta por So o Sa que en Japón significa hombre y de Pa o Pac que en japonés es príncipe. En idioma Chino la terminación Pa es el título

---

[119] Zerda Liborio (1882) (1972) El Dorado. Tomo II: 123 y Raquel Jodorowsky. El descubrimiento de América antes de Colón.

[120] Médico, profesor de física y química en la Universidad Nacional, Ministro de Instrucción Pública en 1893, Rector de la facultad y Academia de Medicina y Ciencias Naturales de Bogotá. Botero Clara Isabel. (2006) El redescubrimiento. Op.Cit. Pág.:86

del virrey y Pe príncipe. Zaque es semejante a Zeique que en Japón es el nombre de los Gobernadores. Iraca es semejante a Irac nombre de la Caldea o Lilac con el que se designaba la antigua Babilonia. Pero es en el nombre de los días y números 2°,3° y 5° donde la similitud es más asombrosa, porque en japonés muisca y se dice respectivamente 2° «Bous-ka, Bos-a; 3° Mi-ka, Mi-ca; 5°Its-ka, His-ca». Y siguen otras similitudes entre muchas palabras que tiene relación con aspectos importantes de las culturas Mhuysqa, japonesa, árabe y vasca. [121]

Los trabajos más recientes apoyados en la investigación arqueológica comparada, sostienen que la introducción de la cerámica y el algodón penetró hace 5.000 años A.P, en la cultura Valdivia, procedente de una migración de pescadores del Japón pertenecientes a la cultura Jomon. Estas migraciones llegaron por el occidente en embarcaciones en forma de balsas, de maderos unidos unos con otros sobre los que se puede construir una habitación o cobertizo, usadas desde tiempos inmemoriales en la costa pacífica.

Escribe el Padre Velasco, refiriéndose a la llegada de los Cares o Caraques, nación conquistadora de los Quitos, que vinieron desde la isla de Pascua y se extendieron hacia el norte por la misma costa, luego subieron por el río que hoy se llama Esmeraldas, hasta las inmediaciones de Quito donde fundaron un gobierno civil e impusieron su idioma muy semejante al de los Incas del Perú, se vestían con pieles y con telas de algodón. Computaban su año solar por los solsticios de una manera semejante a la astrología peruana, circunstancias que hacen pensar que tuvieron el mismo origen.

---

[121] Según la autora, la lengua muisca es la más antigua del mundo y tiene su origen en el nombre del creador, la palabra Tchiminigagua. Su función es preservar las fórmulas sagradas del hombre de 'MHU' (la 'Atlántida') y por eso la llama la 'Lengua Báculo' (E 2000: 16, 18)

Recuperado: Comparación de cerámicas de valdivia (Ecuador) y Jomon (Japón) con una antigüedad de 5000 años A.P. Schobinger Juan (1973):257

Otra migración Europea se fundamenta en el hecho demostrado que desde el siglo IX de nuestra era y en los siguientes, los historiadores Escandinavos cuentan que América fue visitada por intrépidos navegantes en los acontecimientos que siguieron al descubrimiento de Islandia. "Eric el Rojo" estableció la primera colonia sobre las costas de Norteamérica compuesta por islandeses emigrados. Posteriormente su hijo Leif se embarcó con treinta compañeros en el año 1000 y estuvieron en Nueva Escocia, Terranova y Massachussets. También se mencionan expediciones que salieron a conocer el fin del mar o un nuevo mundo y nunca volvieron.[122]

---

[122]Zerda Liborio (1882) (1972) El Dorado. Tomo II:126,127

Recuperado: Representación de una embarcación a vela en el mediterráneo del 4000 antes del presente.

Es posible que antiguas culturas de Eurasia hayan llegado hasta la sabana a compartir la veneración por los árboles y las lagunas. Los escandinavos fueron seguidores a esta creencia hasta el siglo XI de nuestra era. Creían que las fuerzas de la naturaleza eran dioses buenos y malos. El hielo, el fuego, la borrasca, la tempestad eran: Jotus, dioses malos a los que se podía conjurar, invocando a los dioses buenos: Balder, el Sol, el Dios blanco, el bello, el justo y benigno. Odin, potencia divina, emanación de "wotan" origen del movimiento, inventor de la poesía y la música y las runas para perpetuarlas.

Los Escandinavos adoraban el árbol Igdrasil (Fresno) que introducía sus raíces en Hela el reino de la muerte, en oposición a su tronco y sus ramas que se extendían al cielo. Era árbol oráculo, conocía la historia del pasado, el presente y el porvenir. Cada una de sus hojas es una vida; cada una de sus fibras un hecho, una frase; su crujido es el rumor de la existencia humana y la pasión circula en su interior.

El Igdrasil, fue el árbol de la vida, del pasado, del presente y del porvenir. [123] El Mhuysqa tenía el "Ty Hy Ky" árbol sagrado, conductor del espíritu y de la mente, exponente simbólico de los tres caminos que llevan a los tres Reinos herméticos de la gnosis del primer Jardín, el del Ata de la fraternidad del círculo, que abría la puerta a

---

[123] Carlyle Thomas.(1967) Los Héroes: Odin.

los tres estados de conciencia.[124] En la necesidad de encontrar relaciones con otras razas, Lakey [125]consideraba que los pueblos de las dos Américas provenían de la raza Mongólica o Escita y que la civilización americana vino del sur de Asia y Egipto. Basando su tesis en los caracteres de la lengua, formas osteológicas y anatómicas, conocimientos astronómicos, mitos, costumbres, construcciones, ornamentación, jeroglíficos y pictografías.

La costumbre Escita de enterrar a sus muertos principales con sus leales en círculo, es similar a los enterramientos hallados en Suesca por Fray Pedro Mártir de Cárdenas, de ciento cincuenta momias sentadas en círculo y en el medio el cacique principal[126] y por Manuel Ancizar en la Peregrinación de Alpha y mucho antes en Aguazuque-Soacha en las proximidades a los abrigos rocosos del tequendama. Tenían la costumbre de enterrar a sus jefes con sus esposas y allegados principales y con todos sus objetos, ajuares de oro y animales. [127]

Había que agregar que la única actividad artística en la que descollaron los Escitas fue la orfebrería, desde el siglo IV a.C. en la que fueron iniciados por aurífices griegos de las colonias del mar negro, con marcada influencia del arte oriental iranio en los motivos zoomorfos.[128] El Antropólogo Alemán: Robert Von Heine-Geldern, afirma en apoyo a esta tesis: que no es posible inventar dos veces, de idéntica manera, la misma técnica, expresando que todo lo que se considera hasta ahora como descubrimientos indo americano, tiene antecedentes en Asia, ya que el simple ensayo de demostrar aquí las coincidencias, muy uniformes por cierto, de formas y de adornos, ha

---

[124] Escribano Mariana. Paleotegría (2005):134. En otra interpretación el árbol Tijiqui, Tyhyquy o tijiqui, significaba hiel y peligroso; en este caso: árbol peligroso, por sus poderes alucinógenos, por esto llamado por los Españoles, borrachero. Uricoechea (1871):119 traduce la palabra tiji = peligro y quye= árbol. También se puede confirmar en, González (1987):193 y, en Acosta (1938):4. Otros árboles eran el Guane (Aliso), el Nogal Negro que les confería poder y seguridad en sus rituales y el Gaque, árbol que guardaba el calor de la tierra.

[125] Lakey. An inquierer into the Origen of the Antiq. Of America. Citado por Liborio Zerda Op.Cit. Tomo II:167

[126] Cardale de Schrimpff, Marianne.Pág.13 Citando a Vicente Restrepo.

[127] Herodoto refiriéndose a las costumbres Escitas, citado por Jon Juaristi (2001) El Bosque Originario:219

[128] Jurasti, Jon.(2000):225

comprobado completamente el origen asiático de la orfebrería americana. Llegaron en pequeños grupos que rápidamente fueron absorbidos por las poblaciones indígenas, como sucedió con los colonizadores hindúes en los primeros siglos después de Cristo.[129]

La propaganda malévola contra los indígenas americanos hunde sus raíces en esta predisposición contra los Escitas o Bárbaros desde los griegos y romanos. "Escitas y Sármatas junto con los demás pueblos de la gran estepa eurasiática (Hunos, Tártaros, Mongoles) y con otros de las riberas occidentales del mar negro (Getas y Dacios) fueron asignados por los primeros cronistas cristianos a la familia Jafética y dentro de ella a la casta maldita desterrada de Gog y Magog".[130]

Fray Pedro Simón creía que el Mhuysqa era una raza maldita destinada a trabajar arduamente porque los consideraba: "asnos fuertes", pues según él, los indios procedían desde los tiempos del diluvio, de las tribus desterradas de Isachar y maldecidas por Jacob para que fueran "asnos fuertes" destinados a cargar, servir y pagar tributos. Pensaba: "los naturales de la América no son racionales, sino brutos animales incapaces de la vida eterna y de los santos sacramentos"[131].En efecto, los indígenas empezaron a ser considerados seres humanos, en teoría, solamente hasta la expedición de la bula Papal de junio 9 de 1537 durante el Pontificado de su santidad Paulo III, a instancias de los frailes misioneros.

Por todas las pruebas históricas, arqueológicas y antropológicas que se vienen practicando desde el siglo XVIII, es posible inferir que el origen del hombre Americano procede de la mezcla de diferentes razas que se encontraron y desarrollaron en distintos lugares del continente hace miles de años.

Y, más adelante, cuando establecieron contacto con grupos de eurasiáticos llegados en pequeñas expediciones y portadores de otros conocimientos y creencias, fueron asimilados por las culturas indígenas locales hasta constituir las razas indígenas que finalmente encon-

---

[129] Citado en la obra del Banco de la República. El Dorado (1973): 19, 20,24 y la posible entrada de las técnicas de fundición de oro por el sur, siguiendo la ruta del magdalena, En: Falchetti Ana María. (1993)La tierra del oro y del cobre.

[130] Ibíd. Pág.236

[131] Zamora Alonso. (1701) (1945): Historia de la provincia de San Antonino del Nuevo Reino de Granada: 96, 110 y 113

traron los españoles en un estado avanzado de organización social y cultural.

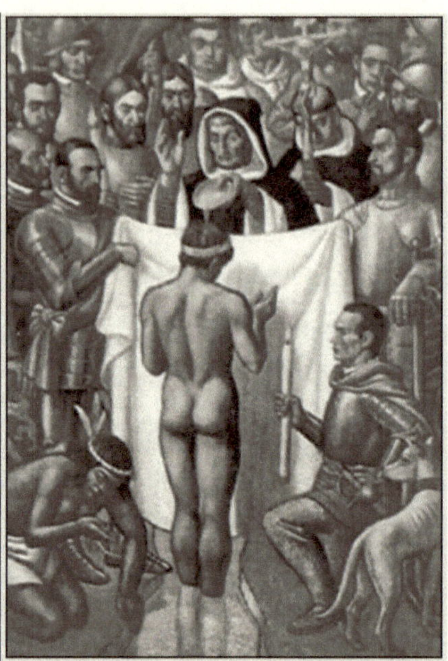

Recuperado: Óleo de Luís Alberto Acuña .El bautizo de Aquimin Zaque.

Zaquesagipa

Fray Pedro Simón[132], opinaba que Zaque Sagipa[133] usurpó el poder después de la muerte de Tisquesusa, porque no dio lugar al cacique de chía que era el legítimo heredero. Lo que hace suponer, de acuerdo con la costumbre Mhuysqa, que Sagipa no era sobrino de Tisquesusa, sino su hermano, única posibilidad para continuar en el cargo, según lo refiere Juan de Castellanos[134], así: "y en defecto de no tener sobrino, el hermano del señor es heredero". Pero se ignora si Tisquesusa tenía hermanas casadas con hijos miembros del clan de la luna en Chia, y por consiguiente, con derechos al zipazgo.

Lucas Fernández de Piedrahita[135], escribe que Sagipa era primo hermano de Tisquesusa y que fue elegido sucesor porque el príncipe de Chía era muy niño para asumir el poder. En esta posibilidad tuvieron razón, Cuximinpaba y Cuxinimegua en alegar que a Sagipa no le correspondía el Zipazgo; ¿acaso porque eran ellos casados con hermana de Tisquesusa y por la ley de matrilinealidad, le correspondía el zipazgo a alguno de sus hijos?, esto no lo sabemos, porque los cronistas no informan de la causa de la desavenencia, sino que este fue el pretexto que utilizaron los españoles para capturar a Sagipa, torturarlo y después asesinarlo; en el intento de obtener el secreto del lugar donde estaba enterrado Tisquesusa y su tesoro.

Elegido Sagipa como sucesor de Tisquesusa, se impuso entre los jefes del Mhuysqa, el criterio de continuar la guerra defensiva contra

---

[132] Simón, Tomo II(1953):105

[133] Zaque es apócope de ubsaque con significado de jefe militar y Sagipa proviene de la partícula negativa sa=no; y, chipa= zipa y se entiende que era el jefe militar No Zipa.

[134] Juan de Castellanos (1997):1164

[135] Lucas Fernández de Piedrahita (1942):75 a 77

los invasores. La lucha alcanzó tales proporciones que hizo a la tropa de Quesada abandonar los palacios del Zipa y dirigirse hasta Bosa donde el terreno era apropiado para desplegar la caballería, convertida en el recurso bélico letal contra los indios.

Pero el golpe mortal contra el corazón de la dirigencia Mhuysqa ya estaba consumado con la muerte de Tisquesusa y los más destacados jefes y valientes Guerreros. El miedo y el terror comenzaron a operar entre los jefes sobrevivientes y empezaron a aflojar en la guerra contra los Suachies. Abiertamente, los opositores Cuximinpaba y Cuxinimegua acentuaban la noticia que Sagipa no era el legítimo sucesor del zipa, con el ánimo de inclinar a los seguidores de Sagipa a llegar a un acuerdo con los españoles.

Estas desavenencias y la entrada intempestiva de los feroces Panches al territorio Mhuysqa hicieron que Sagipa aceptara las propuestas de paz que continuamente le enviaban del campo español. Quesada recibió a Sagipa con todos los honores que merecía un rey, y aceptó un acuerdo de paz en con la condición de aliarse con el Mhuysqa para detener a los feroces Panches.

Aceptada las condiciones de paz, avanzaron los ejércitos Aliados hacia el temible territorio Panche en las inmediaciones de Tocarema, donde los esperaban los Guerreros Panches atrincherados en las cumbres, posición ventajosa contra los aguerridos Suachies inútiles sin caballería. En las primeras acometidas los Panches destrozaban a los Guechas Mhuysqas y para atemorizarlos en pleno fragor del combate bebían la sangre de sus moribundos. Hasta que Zugunsua, el sol de la tarde, se hundió en su bruma roja satisfecho de sangre y «zasca», la prima noche, cubrió de tinieblas el campo de batalla, replegando a los ejércitos a sus respectivos lugares.

En el campamento Mhuysqa los veteranos españoles y los jefes indios comprendieron que la única manera de vencer a los Panches era bajarlos de las cumbres. Los Baquianos conocedores del espíritu guerrero de los indígenas propusieron a los Mhuysqas arremeter con furia y en un momento de su avance retroceder fingiendo estar en derrota, atrayendo a los Panches hacia las llanuras donde estaban escondidas entre los bosques la caballería Española, que en el momento oportuno irrumpió contra los guerreros Panches e hizo tanto estrago y confusión entre ellos, que los pocos jefes sobrevivientes:

Tocarema, Siquima, Matina y Bolundaima decidieron rendirse antes de perecer en combate tan desigual.

A su modo celebraron, la victoria, los Mhuysqas con danzas, chicha y comida; mientras los españoles retirados en sus aposentos pensaban la manera en que podrían obtener más oro de los indios.

La oportunidad se les presentó cuando Cuximinpaba y Cuxinimegua, relataron a Hernán Pérez de Quesada y a otros españoles, la usurpación de Sagipa en el cargo de Zipa, dado que no podía ser el sucesor de Tisquesusa porque no era sobrino, sino primo, como hijo que era de Nemequene y de una hermana del cacique de Guatavita, y porque el verdadero sucesor hijo de hermana del zipa, oriundo de chía, andaba oculto entre las sombras.[136]

Trataron el asunto los conquistadores con Quesada y llegaron a la conclusión que lo más conveniente era prender a Sagipa con el pretexto de que era usurpador y tramposo. En esa tramoya legal, Hernán Pérez sirvió de defensor. Jerónimo de la Inza de acusador. El licenciado Jiménez de juez. Juan Rodríguez de Benavides de escribano y varios conquistadores de testigos. La primera fase del tormento consistió en colgarlo de una viga con las manos atadas detrás del cuerpo.

Después los capitanes San Martín y Suárez, con cierta gente de a pie y de caballo, al ver que Sagipa nada les entregaba, (nunca les reveló el lugar donde estaba enterrado su hermano Tisquesusa y el tesoro) los torturaron rayándole las plantas de los pies y otras veces con fuego."[137] Piedrahita, agrega que a Sagipa lo tuvieron preso por más de seis meses y atormentándole con cordeles le fueron dando fuego a dos herraduras que le tenían puestas en las plantas de los pies hasta que murió.[138]Durante los meses que duró el tormento y muerte de Sagipa, el Mhuysqa, vencido por el horror, la muerte y la tortura, se convenció de su derrota e inutilidad de su resistencia y se entregó sumisamente al mandato de los Suachie que les impusieron la "Encomienda" forma disimulada de esclavitud.

Eliminados los zipas de Bacata, los españoles determinaron hacer una segunda repartición del botín que habían obtenido en las recien-

---

136 Lucas Fernández de Piedrahita (1942) Tomo II:92
137 Avellaneda Navas José Ignacio (1995) : 197
138Lucas Fernández de Piedrahita (1942) Tomo 2:100

tes contiendas. Que sería hasta veinte mil pesos en oro y algunas esmeraldas, dando a cada uno su parte, incluidos a todos y a cada uno de los capellanes. Luego se decidieron ir a fundar la gran ciudad. [139]

Recuperado de internet: Sagipa, el Mhuysqa.

---

[139] Simón Pedro (1953) Tomo II: 131-132

Mhuysqa
Hombre y naturaleza

El tercer estadio se le conoce con el nombre de Formativo o clásico y sirve para ubicarnos en el tiempo lineal que se proyecta de atrás en adelante, para indicar que hacia el 3.000 antes del presente[140], cuando el maíz y la papa ocupaban «como ahora» el primer lugar en la alimentación aborigen, aparece una sociedad organizada y estratificada en la sabana de Bogotá y sus alrededores, que se dice Mhuysqa porque es lo mismo que decir, «naturaleza».

Mhuysqa significaba, en singular, hombre, individuo, persona; y en plural, gente, pueblo, humanidad, pero conservando el sinónimo de semejante a naturaleza. Según se desprende de los estudios del padre Duquesne en donde afirma que "Mhuysquen" o "Muisquien", también significaba Naturaleza, como "Mhuysqhubun" significaba lengua de indios. En la Gramática del monje anónimo, la palabra chibcha "Mhuysquyn", aparece con el significado de "naturaleza que crece."[141]

De acuerdo con Mariana Escribano, "Mhuysqa" decía Fuerza que da la vida, fuerza que da la alegría. Mhu, remite al país mítico de los primeros hombres que llegaron al continente del último ramal de Mhu, perteneciente a la élite de los civilizadores pacifistas.

El sonido del vocablo Mhu es la inversión de Uhm, que corresponde a la vibración cósmica creadora en el concepto gnóstico de «energía-materia». "Mhuysqhubun" «proviene de Mhuysqa, persona,

---

[140] El tiempo aproximado de aparición de la sociedad mhuysqa es de tres mil años antes del período según Hammen.(1996):14

[141] Uricoechea E. (1871): 126,163. José Domingo Duquesne de la Madrid (1795):314, María Stella González. Diccionario y Gramática Chibcha: 266, 273.

y Qhubun, palabra» y según lo descubierto por Mariana Escribano, remite a los acontecimientos que se produjeron en los albores del mundo portando un mensaje de profundo significado.

La Mhuysqhubun o lengua báculo, aglutina diferentes códigos: de forma (geometrías) de la naturaleza (fauna y flora) del hombre, de los minerales y de la Conciencia Cósmica. De otra parte, "Chibcha", significaba: en singular, soy hombre y en plural: somos hombres. Palabra que se viene utilizando para designar el lenguaje del Mhuysqa, que en realidad no corresponde, porque ahora sabemos que se decía "Mhuysqhubun." Tchibtcha, también significaba "hombre en éxodo."[142]

Los cronistas intentando comprender el sentido de la lengua Mhuysqa entendían como palabras, lo que en realidad eran frases de significado polivalente de acuerdo a distintos códigos y circunstancias. Es decir: "que cada sonido emitido por el Andino e interpretado por el Cronista como un fonema era en realidad un morfema cargado de significación. En la lengua chibcha todo sonido es un símbolo o mejor aún sería decir, una «palabra-símbolo» identificable con los ideogramas. Nótese además entre estos Andinos, la utilización de nombres "Teóforos" no solamente para marcar la relación de dependencia, sino también de parentesco y tutela entre los dioses y los hombres."[143]

A la llegada de los españoles, los Mhuysqas estaban organizados en poderosas confederaciones que abarcaban todo el territorio que hoy ocupan los departamentos de Cundinamarca y Boyacá, siendo las más importantes: Bacata (funza) con Ubaque, Guatabita, Fusagasuga, Guasca y Ubate. Y por el norte, Hunza (Tunja) con el apoyo de Saquenzipa, Moniquirá, Sogamoso y Tundama.[144] Rodeando el territorio Mhuysqa se encontraban otras tribus. Por el norte los Motilones, Chitareros y Tunebos; por el oriente, Laches, Teguas, Achaguas, Salivas, Guayupes, Sae, Guhaibos, Betoyes y Jiraras. Por el Sur, con Coyaimas, Natagaimas, Cundayes, Sutagaos y Fusagasugaes y por el occidente, con Panches, Pijaos, Colimas y Nauras, para mencionar

---

142 Escribano Mariana (2005):134. Nota.28
143 Escribano Mariana (2000):161
144 Londoño Eduardo(1992) Guerras y Fronteras : 12

algunas de las más conocidas.[145] Tribus con las que mantenían un intenso comercio, intercambio cultural, alianzas y guerras.

Recuperado de internet:
https://upload.wikimedia.org/wikipedia/commons/3/35/Mapa_del_Territorio_Muisca.svg

El chibcha que encontró el español viviendo en la sabana de Bogotá, era el resultado de una mezcla de razas y una sucesión de ciclos bioculturales, concebidos para vivir en armonía con la biodiversidad, la topografía, la vegetación y las estaciones; en conformidad con sus creencias y costumbres, como lo prueban las inmensas áreas protegidas con inmensos bosques, especies vegetales y animales que habían domesticado y que en forma natural —en el caso de los venados, conejos, borugos y sus depredadores, serpientes, jaguares, águilas,

---

145 Hettner Alfred (1895): 238 y Jane M. Rausch (1994): 20,22

cóndores— aún sobrevivían a la llegada de los conquistadores en el siglo XVI. Este proceso de acoplamiento entre el Mhuysqa, los animales y la naturaleza, había producido una raza de particulares rasgos que en términos generales fue observada por los interesados en el origen del hombre Americano, como una raza sensible, pacífica y caracterizada en su forma por su cabeza redonda, color de piel más o menos moreno, imberbes y cabellos lisos.[146]

El *Mhuysqa* era de mediana estatura, grueso, ancho de hombros; tórax de gran amplitud y fuerte musculatura; su fuerza reside en la nuca, en los hombros y en las piernas, por lo cual no suele ser buen jinete, ni buen corredor, en cambio, resiste caminatas de muchos días y puede transportar pesadas cargas. Su piel es cobriza oscura, como requemada por el sol y apergaminada, de modo que sus reacciones emotivas no resultan perceptibles. Cara redonda, más ancha que larga, frente estrecha, baja y plana. Pómulos salientes, nariz más bien pequeña y ancha. Ojos pequeños rasgados. Mirada tímida y astuta, labios gruesos y pálidos, hermosa dentadura, cabello negro, liso y apretado, con la peculiaridad de no encanecer a ninguna edad. Al viejo del joven se lo distingue por la piel, las arrugas y el cuerpo. El auténtico indio es imberbe."[147]

Fray Pedro Simón, quien llegó a Santa Fe en el año de 1.604 y publicó sus Noticias historiales en el año de 1626. Refiriéndose a los indios Mhuysqas guerreros o "guechas" que tenía el Bogotá en Tibacuy, frontera con los Panches, dice: "Son hombres de grandes cuerpos, valientes, sueltos, determinados y vigilantes..., andan trasquilados los cabellos, horadadas narices, sobre la redonda oreja insertan canutillos de oro finísimos y los de labios y narices, cada vez que matan a un panche, lo hacen con crueldad".[148]

---

146 Humboldt citado por Liborio Zerda. El Dorado. Tomo II: 133.

147 Rothlisberger, Ernst.(1897) (1993) El Dorado:249

148 Simón, Pedro.(1625) (1953) Noticias historiales: Tomo II:15

Recuperado de internet: https://travelgrafia.co/

Sobre los Panches enemigos de los Mhuysqas, el Alemán Ernst Rothlisberger[149] opina que son de altura media, esbeltos, con piel más clara si bien algo broncínea. Son de cabello menos negro, mirada vivaz, y resuelta, frente alta y abombada, nariz un poco aguda, voz firme, vestido ligero y colores claros.

Las mujeres son lindas, suaves y atractivas. Mientras que Simón[150] refiriéndose a los mismos Panches los describe como gentes de grandes cuerpos, robusta suelta y bien alentada, con rostros horribles, feos y feroces con la frente y colodrillo (parte frontal y posterior de la cabeza) chato y alargado que naciendo la criatura le ponen dos tablas para aplanarla y alargarla. En la batalla, las mujeres les seguían detrás cargadas con más armas para reponer las que faltaran. Esta costumbre de aplanar los cráneos también la tenían los tártaros de Crimea península de Ucrania en el sur de Rusia.

---

[149] Rothlisberger, Ernst.(1897) (1993) El Dorado:250,251
[150] Simón, Pedro.(1625) (1953) Noticias historiales: Tomo II:19

En la antigüedad poblada por los Escitas.[151] En consecuencia, podemos concluir que el Mhuysqa adorador de la luna y sol, tenía la cara redonda, era moreno, y representaba a una raza de tipo americano posiblemente conformada por la mezcla de otras razas venidas del Asia y del viejo continente que se fueron adaptando a las diferentes regiones geográficas y altitudinales en la Sabana de Bogotá. Raza «indígena» que mezclada con negros y españoles en el siglo XVI, formó la actual raza mestiza de tipo Colombiano, raza que nos distingue y —por nuestro pasado prehistórico— nos emparenta, con las primeras razas del mundo.

El interés por la existencia y cultura Mhuysqa se despertó primero en Europa en el siglo XIX, con los excelentes trabajos de Alexander Von Humboldt; sobre los resultados de sus viajes de investigación científica, por las regiones equinocciales de América, entre los que destacó los monumentos de los indios Mhuysqas, antiguos habitantes de la meseta de Bogotá publicados en Londres 1815 y con un éxito sorprendente en París un año después.[152]

Recuperado de internet: https://es.wikiquote.org/wiki/Alexander_von_Humboldt

Clara Isabel Botero, destaca el interés que demostró Humboldt por esta cultura, dice la autora: "Describió y analizó las interpretaciones

---

151 De Lenhossek, Joseph (1880) El origen de los procedimientos de deformación macrocéfala artificial de los cráneos entre los tártaros. Citado por: Jodorowsky Raquel. El descubrimiento de América antes de Colón.
152 Botero Clara Isabel (2006) El Redescubrimiento del pasado prehispánico de Colombia: 43

astronómicas, religiosas, y lingüísticas que sobre los muiscas había desarrollado el padre Duquesne, que Humboldt conoció en Santafé de Bogotá por un manuscrito que le facilitó José Celestino Mutis. Humboldt comparó la interpretación del padre Duquesne del calendario de los muiscas y el sistema de numeración con otros sistemas astronómicos mesoamericanos, del Perú prehispánico y de los ciclos astronómicos de pueblos asiáticos. Realizó una disertación sobre los mitos fundadores, la lengua y los conceptos astronómicos muiscas y destacó el calendario como uno de los Monumentos Americanos.

Este pueblo, dijo refiriéndose a los muiscas, cuyo nombre es casi desconocido en Europa, confundiéndolo con las hordas errantes de salvajes de la América meridional, tiene su monumento notabilísimo que es una piedra adornada de multitud de signos jeroglíficos."[153]

Con esta publicación, Humboldt excitó el entusiasmo entre los intelectuales de Europa sobre la piedra adornada con símbolos, representación de un calendario lunar que mostraba diversas estaciones y períodos de tiempo. Muchos investigadores colombianos y extranjeros durante el curso del siglo XIX se interesaron desde diferentes perspectivas por la piedra calendario y en general por la sociedad muisca y su cultura.

https://museonacional.gov.co/colecciones/Pieza_del_mes/colecciones-pieza-del-mes-2005/Paginas/Febrero%2005.aspx

El padre Duquesne en el siglo XVII copió los jeroglíficos de los números, Mhuysqas y fue el primero en observar que los números

---

[153] Ibíd.pág.43

además de la cantidad que representan, tienen un significado congruente con las actividades agrícolas, las fases lunares y las estaciones climáticas, además de señalar otros aspectos relacionados con la cosmovisión del mundo mítico. En el siglo XXI, la semióloga Mariana Escribano realizó un estudio profundo del significado de la lengua Mhuysqa y correlativamente revela el misterio del mensaje de la lengua báculo y los números con aportes hasta ahora desconocidos por las ciencias sociales.

En el siglo XX y XXI persiste el interés por develar el mensaje oculto en las piedras y objetos de oro Mhuysqa. Recientemente, el Antropólogo Francés Dimitri Karadimas encontró en un pectoral circular Mhuysqa la representación del cielo estrellado en la cúspide con Orión y sus cuatro estrellas periféricas colocadas en forma de trapecio. En la figura, «que es usual verla en orejeras y colgantes» los astrónomos Mhuysqas, agregaron en el este y el oeste a Fagua o Venus, lucero de la mañana y de la tarde. Las estrellas del trapecio de Orión se relacionan con los solsticios sobre el horizonte y del sol en el cenit en alineación con los puntos donde se producen los equinoccios[154].

En Choachi se encontró una piedra tallada con posibles significados astronómicos que computan el tiempo que demora la luna haciendo el recorrido este-oeste en 18 años y de 9 años norte-sur. Descubrimiento que hizo el griego Meton en el siglo V antes de nuestra era. Con el interés que mostraron los Europeos por nuestra cultura aborigen, en Colombia y Latinoamérica se despertó la fiebre por en-

---

[154] Karadimas, Dimitri (2005) Como llegar a ser un astro. Orfebrería y escatología. En, Jean Pierre Chaumeil (2005). Chamanismo y sacrificio:177-179

contrar "Guacas" con tesoros indígenas para venderlas a los extranjeros y cobró tanta importancia esta actividad, que los patriotas de esta época durante la Presidencia del General Francisco de Paula Santander, expidieron la Ley 13, de junio de 1833, reconociendo la "guaquería" como una actividad legal, expedida en atención a "la idea colonial del botín a obtener de tesoros encontrados en sepulcros y lugares de ofrenda indígena", idea que prevaleció en la mente de algunos padres de la patria.

Los diferentes puntos de vista de nuestros próceres se pueden analizar en las posiciones que asumieron frente a los indios; por una parte, Bolívar ordenó devolver a los indígenas sus resguardos como propietarios legítimos de sus tierras para corregir los abusos cometidos en el pasado contra la población indígena y sus libertades, para lo cual hizo expedir el decreto del 5 de julio de 1820.

De otra parte y en abierta oposición al respeto por los santuarios indígenas «entre 1823 y 1824» Santander en sociedad con José Ignacio Paris y el Británico Charles Stuart Cochrane, continuaron desenterrando "Guacas" y hasta intentaron desecar la laguna de Guatavita a fin de obtener sus tesoros. [155]

Las contradicciones en el inicio de nuestra identidad se pueden observar en la inquietud que enfrentaba a los Republicanos del siglo XIX cuando se preguntaban por nuestro origen y el lugar que ocuparíamos en el mundo, preocupación que supo manifestar Simón Bolívar en el congreso de Angostura: "No somos europeos, ni indios, sino una especie media entre los aborígenes y los españoles...Nacidos todos del seno de una misma madre, nuestros padres diferentes en origen y en sangre, son extranjeros y todos difieren visiblemente en la epidermis, desemejanza que trae un reato de la mayor trascendencia."

La palabra "reato" que empleo Bolívar en aquel fragmento, tenía el significado de ser una obligación para expiar una culpa correspondiente a un pecado. ¿Acaso Bolívar pensaba que era un pecado ser mestizo? O, fue consciente de esta fuerza que él denominó "diversidad de origen" que corresponde a sociedades mezcladas «que entre otras cosas» "requieren de un pulso infinitamente firme, un tacto infinitamente delicado para manejar esta sociedad heterogénea, cuyo

---

[155] Ibíd. pág. 47,48 y 50.

complicado artificio se disloca, se divide, se disuelve con ligera alteración"[156]. Escritores, Historiadores, Académicos, Ingenieros, Médicos, y otros Profesionales se interesaron durante el siglo XVIII y las siguientes generaciones del siglo XIX, investigar el pasado indígena en un esfuerzo por encontrar las raíces de nuestra propia identidad.

Sin embargo, el camino para encontrar nuestra identidad aún se encuentra en proceso con muchas dificultades y tropiezos, debido a que esta no se adquiere de manera espontánea o simplemente por haber nacido en un lugar determinado; sino que se forma en nuestra personalidad, en la medida en que nuestra propia actividad cultural, nos conduce a comprender nuestro origen y el lugar donde nacimos, a sentir y vivir nuestro pasado y proyectarnos en el futuro, sintiendo la mezcla de múltiples razas, como parte íntima de nuestra existencia y con el convencimiento de llevar una parte de la historia y la vida de todos los pueblos del mundo en nuestra cultura.

Estos principios de formación de identidad, en los albores del siglo XXI, se enunciaron en la ley 397 de cultura expedida en 1997 y gracias al aporte de aquellos dedicados a profundizar en nuestras raíces, como consta en esta declaración de Carlos Martín: "Los cruces de Iberos con indígenas, luego con negros esclavos importados y, después de la Independencia, con masas de inmigrantes Europeos, especialmente de cepa latina, se resuelven en levadura humana en que se funden sangres, facciones y pigmentos junto con impulsos primarios, fuerzas irracionales y corrientes hondas e incoercibles de instintos y atavismos. Independientemente de la primacía racial entre savias indígenas, blancas y negras, en todo latinoamericano se halla en permanente latencia el mestizaje existencial".[157]

Y convencido de propiciar la unidad latinoamericana afirma: "El mestizaje, no solo étnico, sino cultural, tiende, en Hispanoamérica, a superar el racismo Europeo; tiende, además, hacia la universalización de la cultura en virtud de la participación de muy diversos grupos étnicos con sus propios aportes culturales y, por último, contrarresta en parte, el problema de regionalismo nacionalista, importado de

---

[156] Bolívar, Simón (1819/1971) Escritos políticos :96-103
[157] Martín Carlos (1986): Hispanoamérica mito y surrealismo: 44,109

Europa".[158] No en vano, William Ospina[159] pregonando el pensamiento de Simón Rodríguez, afirma que: "Solo hallaremos soluciones cuando no pensemos diferentes de un país a otro y cuando no creamos en más fronteras que las naturales del continente". "América mestiza es un experimento nuevo en la historia del mundo".

El desconocimiento por nuestro pasado indígena y falta de identidad con lo nuestro se refleja en el trabajo de los Guaqueros de todos los tiempos legalizados desde la República. Consiguiendo saquear y enviar importantes colecciones de tesoros indígenas a los Museos de Europa. El museo de Louvre en Francia dispone de una colección Mhuysqa que consta de ofrendatorios y objetos votivos de oro llevados desde 1830.[160] El Museo de Berlín adquirió 120.000 piezas procedentes de América, entre las que se cuentan importantes colecciones Mhuysqas. A este museo, el Alemán Konrad Theodor Preuss se llevó 14 estatuas originales de San Agustín diciendo que la arqueología en Colombia estaba en manos de los guaqueros.[161] En el museo Británico se exhiben varias momias Mhuysqas procedentes de Gachancipá, entre muchos objetos de oro, copas y vasijas de cerámica. También disponen de una estatua de San Agustín enviada por un Almirante.[162]

Recuperado de internet:
https://artsandculture.google.com/asset/helmet/CwFlTZrah7R2wg?hl=es

El tesoro quimbaya colección de orfebrería más importante hasta ahora conocida en Hispanoamérica, conformado por 122 objetos de

---

[158] Ibíd. :109

[159] Ospina, William. (2007) América mestiza el país del futuro: 163.

[160] Botero Clara Isabel (2006) El Redescubrimiento del pasado prehispánico de Colombia: pág.186,188

[161] Ibíd. pág.214.

[162] Ibíd. Pág. 171,175

oro, de un precio incalculable, procedentes de dos ajuares funerarios obtenidos en dos tumbas sacerdotales en el sitio La Soledad-Filandia en el departamento del Quindío, fue obsequiada por el entonces Presidente de Colombia Carlos Holguín a la Reina regente de España: María Cristina de Habsburgo, en reconocimiento al laudo arbitral solicitado por Colombia y Venezuela para resolver una cuestión de límites entre los dos países.[163]

El Presidente Carlos Holguín mantenía una estrecha amistad con la Reina a nivel de compadrazgo cuando fue invitado por ella para apadrinar el bautizo del hijo del Conde de Lesseps, tratamiento de compadres que se daban entre si y en su correspondencia privada.

Él sabía muy bien la importancia y conocía el valor cultural y estético del tesoro quimbaya que le obsequió finalmente a la Reina, como lo informó al congreso[164]: "Se ha enviado a Madrid la colección más completa y rica en objetos de oro que habrá en América, muestra del mayor grado de adelanto que alcanzaron los primitivos moradores de nuestra patria; como obra de arte y reliquia de una civilización muerta, esta colección es de un valor inapreciable."[165]

Recuperado de internet: https://www.elquindiano.com/especiales/29/los-poporos-artefactos-de-los-pueblos-indigenas-y-de-todos-los-tiempos

Ya en pleno siglo XX, el norteamericano Jhon Alden Mason estu-

---

[163] Ibíd. pág.133.

[164] Confidencia revelada por Alberto Farias Mendoza en: El Espectador de junio 2 de 1992.Pág. 6D.

[165] Carlos Holguín. Mensaje del Presidente de la República a las cámaras legislativas. Bogotá 1892. En, Botero Clara Isabel (2006) Op. Cit. Pág. 135

vo investigando la cultura Tairona por varios años en las bahías costeras de la Guajira y descubrió que los antiguos tairona transportaban agua por acequias y acueductos de puntos muy distantes y los almacenaban en aljibes. Realizó excavaciones en la ciudad Tairona de Pueblito y obtuvo muestras de cerámica, objetos de oro y adornos. Después, empacó los objetos y se los llevó al Field Museum de Chicago, a pesar de existir la ley 47 de 1920 que prohibía la salida de objetos y monumentos arqueológicos hacia el exterior.[166]

En todas estas colecciones, los sabios europeos y americanos, anticuarios y directores de museos, coincidieron en que los precolombinos, elaborados en América, son muy similares a los procedentes de Egipto, Asia y Japón.

Recuperado de internet:
https://www.colombia.com/turismo/sitios-turisticos/huila/atractivos-turisticos/sdi465/78322/parque-arqueologico-de-san-

agustin

---

[166] Ibíd. pág.217.

EL MHUYSQA

SU

HISTORIA

SEGUNDA
PARTE

Hoy diversas comunidades del pueblo muisca empezamos a
salir del anonimato e invisibilidad a la que fuimos
sometidos, como consecuencia de un sistema educativo y de
poder, que consideraron al vencido como muerto y extinto.

Cabildo Indígena Muisca de Suba

EL MHUYSQA

SU HISTORIA

Teusaquillo [167]

Cercado debajo del boquerón

Los conquistadores y en particular Don Gonzalo, desde el momento en que divisaron la sabana de Bacatá, fueron conquistados por los encantos del paisaje, el clima, la docilidad de los indios y por la magia del "Chunsua de Teubsacá" (Santuario Mhuysqa ubicado debajo del boquerón del río Vicacha, después llamado río San Francisco); magia que penetró en sus corazones y recuerdos de infancia vividos en la Vega de Granada. Mostrando adicional interés en los cerros de Suba, que le recordaban, «La sierra de Elvira» y las colinas de Soacha, las del Suspiro del Moro y los Cerros de Monserrate y Guadalupe, los collados de Granada[168]; tal vez, por este sentimiento de transformación, escogieron el 6 de Agosto de 1538, día de la Transfiguración de Cristo, para fundar la villa de Santa Fe. Posteriormente, eligieron a (Teubsacá) lugar sagrado del Mhuysqa, llamado después por los españoles «Teusaquillo».

El cronista Fray Pedro Simón, relatando los sucesos que hicieron posible que los Españoles se decidieran por este lugar; comenta, que el General Quesada despachó a varios de sus capitanes por diferentes direcciones y llamó a los Caciques principales para que le indicaran el mejor lugar donde se debía asentar la población Española. Los indios no les indicaron ningún sitio, dejando que esta decisión la to-

---

[167] Teusaquillo, palabra deformada por los españoles. Proviene de Teubsacá (cercado debajo del boquerón) formada por Te= boquerón; Ubsa= debajo y Ca= cercado. También era conocido como "chunsaca" (cercado del santuario).Palabra compuesta por Chunsua=santuario y Ca=cercado.

[168] Gutiérrez Ponce Ignacio. Crónicas de mi hogar. Citado por Pedro Maria Ibáñez. Crónicas de Bogotá. 3ra Edición. Tercer Mundo Editores. Bogotá.1989.Pág.13

mara el SuaChie, "pues tenían bastante tierra donde escoger". Volvieron los capitanes de su reconocimiento y después de evaluar las opiniones, escogieron, Teusaquillo.

Según el relato: "Lo que hizo determinar la fundación en aquel sitio, fueron las comodidades que hallaron, que son las que ha de tener una ciudad cuerdamente poblada, con el suelo bien dispuesto y altura para que corran las aguas sin empantanar las calles, y plazas, dos quebradas de dulcísimo y saludable agua que se descuelga de lo alto de la sierra, (Cerros orientales), agua tan abundante del (Río Vicacha, hoy San Francisco), que aún en años, que no son de aguas, sustentan las moliendas de la ciudad; mucha piedra para los edificios, la leña que ha menester, buenos aires, aunque es más continuo y a veces aflige el viento que en la Europa, llaman ábrego o meridiano y los marinos, viento del sur, porque vienen de la parte de las estrellas que ellos llaman, sur".[169]

La palabra «Teubsacá» pudo tener varios significados dependiendo de cómo fue su verdadera etimología en la antigua lengua Chibcha. Estaba conformada por las palabras: "Te o teib", que significaba, boquerón; "Ubsa", debajo y "Ca", cercado; traduciendo: "Cercado debajo del boquerón"; como en "Tena", debajo del boquerón; "Tenjo", en el boquerón; "Tensa": detrás del boquerón y "Tequendama": poder del boquerón.[170] O bien, pudo ser "Teubsaque"; en este caso, la palabra proviene de "Te", boquerón y "Ubsaque", fuerza de abajo o jefe militar; que a su vez proviene de: "Ubsa", debajo y "que", árbol o apócope de "quyne", fuerza; significando: el "Boquerón del Ubsaque", porque entre el Mhuysqa, era costumbre asignar lugares o territorios cercados a los "Ubsaques" y al Zipa "Ubsaque de Ubsaques." La palabra "Ubsaquen" que actualmente designa a una localidad sobre el pie de los cerros del norte en Bogotá, es el último vestigio del nombre asignado a los cerros orientales por los antiguos Chibchas.

El «Ubsaque» era la fuerza de abajo, base o apoyo de los «Guechas fuchafibas», guerreros del arcoíris. Era el poste de sus hombres y no se limitaba únicamente a dar órdenes y observar, sino que iba al

---

[169] Fray Pedro Simón(1953) Tomo II:138
[170] Acosta Ortegón Joaquín(1938): Pág.40

combate en primera fila enfrentando el peligro, aunada a su valor e indumentaria, fue lo que los llevó fatalmente a su muerte, por la estrategia de eliminación selectiva, usada por los Españoles SuaChie, como ya se describió en Tenaguaza. Pero fue en «Chiguachisua»[171], los cerros orientales del sol y la luna, donde los Mhuysqas habían reconocido desde tiempos antiquísimos, un «lugar especial» y donde los Españoles Suachies, fundaron Bogotá, como decía Rogelio salmona, (porque sintieron las emociones a través de todos los sentidos, con la visión, pero también con el aroma y el tacto, con el silencio y el sonido, con la luminosidad y la penumbra y con la transparencia que se recorre y permite descubrir los espacios sorpresivos).[172]

Recuperado de internet: https://detrips.com/lugares/eje-ambiental-av-jimenez

El Mhuysqa, gente y naturaleza al mismo tiempo, fue el que hizo posible que el SuaChie se pusiera en comunicación con el «espíritu del lugar» que el Mhuysqa llamaba *Chunsua*[173], Es decir, lugar de

---

171 Chiguachisua , proviene de las palabras :
Chi, Nuestros; Gua, Cerros; Chia, Luna y Sua, Sol.
172 Rogelio Salmona plasmó este sentimiento en su arquitectura y a él se le debe la recuperación ambiental en el cauce del Vicacha, actual Avenida Jiménez. Castro Ricardo. (1998). Rogelio Salmona. Editorial Villegas. Bogotá. Pág.226 y German Téllez. (1991).Rogelio Salmona: Arquitectura y poética del lugar. Universidad de los Andes. Bogotá.
173 Chunsua también puede provenir de los vocablos: chunso y sua que significaba ídolo

especial, destinado a cumplir funciones sagradas, ubicados con preferencia en los Cerros de Bogotá, en donde aún se puede percibir aquellas características.[174] En estos lugares es posible integrarnos con la naturaleza, por que revisten movimientos de agua, luz, viento, calor, magnetismo; y que aún no sabemos explicar. O, con otra percepción, como lo sugiere (Paúl Devereux), en su monumental obra: «La Memoria de la Tierra» una indescriptible belleza.[175]

El Mhuysqa expresaba este sentimiento de comunicación con la naturaleza como lo notaron los primeros españoles que entraron en contacto con los indios. No solo vieron, sino que comprobaron en varias oportunidades el respeto que mostraban los chibchas por los bosques, cerros, ríos y lagunas, considerados lugares sagrados: (Donde no osaban por todo el mundo ni quebrar una rama); afirmaba el adelantado Don Gonzalo Jiménez de Quesada[176] y, el cronista Fray Pedro Simón, refiriéndose a esta costumbre, dice: "No porque tuviesen estas cosas por dioses, sino por la singularidad que tenían les parecía ser digna de mayor veneración, o porque pasando por ellas les había sucedido alguna extraña cosa, como zumbarle los oídos, temblarles las manos, haber venido mucho viento, algún trueno o rayo diciendo que con aquello les hacía seña el dios para que lo venerasen en aquellos lugares".

Y, más adelante dice, en estos lugares: no se atrevían a cortar un árbol ni a desgajar una rama. Cuando querían hacer algún ofrecimiento, entraba en el monte cada individuo, aisladamente, y si eran mu-

---

o imagen del sol y designaba únicamente los lugares considerados sagrados por los muiscas, algo así como una Iglesia o templo donde habitan los dioses. Vicente Restrepo (1972). Pág.88.Cita N°2. siguiendo a Oviedo Tomo II, Capítulo XXIII. Reafirma el significado de chunso- ídolo, asociándolo con la palabra tunjo y chunsua con santuario.

[174] No debemos ignorar que nuestro ser material y espiritual se puede concebir como una relación de energía y materia. Según Einstein, la energía E es igual a la masa M por la velocidad de la luz C al cuadrado: $E=MC2$, en donde, la materia y el espíritu se integran en: $M= E/C2$; relación que conserva el chamanismo indígena, en la idea de que los seres vivos no somos carne y hueso-solamente- sino esencialmente un campo de energía molecular. Yimmy Weiskopf (2003): 111 y Mariana Escribano (2005) introduce el concepto Gnóstico de Energía-materia.

[175] Devereux Pablo(1993)La memoria de la tierra: Pág.39

[176] Jiménez de Quesada Gonzalo. Epítome de la conquista del Nuevo Reino de Granada. En: Boletín cultural y bibliográfico del Banco del República. Vol. XVI-Número 3- Marzo de 1979. Pág. 94

chos unos iban por una parte y otros por otra, cada uno llevaba una barra fuerte de madera terminada en punta y con ella enterraban tunjos de oro, esmeraldas, collares u otras ofrendas de carácter tan sagrado, que a ningún indio se le ocurría hurtarlo ni lo habría hecho, aun cuando lo amenazaran de muerte. [177]

Recuperado de internet: https://proaarquitectura.co/cerros-tutelares-de-monserrate-y-guadalupe/

En efecto, el Mhuysqa que encontró el español en "chiguachisua", nuestros cerros del sol y la luna, había percibido desde tiempos inmemoriales, la existencia de un campo de energía similar a la que hoy se propone como línea geomántica[178] entre "Suahuizu" la salida del sol y "zugunsua" la puesta del sol; en: "aza hischa" la tierra extendida de la sabana, en la dirección, Este-Oeste; constatando que la fuerza de los vientos, el agua, la luz y la tierra, se encauzan en los boquerones de los Cerros y se mueven en esta dirección.

En apoyo de esta observación, el profesor Reichel Dolmatoff, estudiando la ubicación de los templos Kogi, verifico que en ciertos valles o planos orientados este-oeste, donde se ofrece buena visibilidad para observar la salida y puesta del sol y algunas estrellas, tenían

---

[177] Simón (1981) Tomo III: 386 y Citado por: Restrepo Vicente.1972. Los Chibchas antes de la Conquista Española. Op.Cit .Pág.84;108;109

[178] El concepto de línea geomántica nos llega desde la antigüedad para referirse a las líneas de energía que existen entre diferentes puntos de la tierra y que pueden ser percibidas en ciertos lugares. Devereux Pablo. 1993. La memoria de la tierra. Capítulo 8. Geomancia.

los Mhuysqas observatorios astronómicos.[179]

Agregamos que en otros lugares se pudieron hacer seguimientos celestes, como lo demuestra una piedra encontrada en Choachi muy parecida al pectoral circular Mhuysqa descrito por Dimitri Karadimas.[180] Los investigadores especializados dedicados exclusivamente a develar los secretos de la arqueoastronomía, están de acuerdo con esta opinión.

Los precursores de los Mhuysqas, generación tras generación conocieron el territorio, que les permitió sentir y experimentar los cambios que se producía en el ambiente. Obtuvieron sus conocimientos de experiencias sucesivas, probadas una y otra vez en la práctica y en la observación minuciosa del fenómeno atmosférico y geológico y no solo de nociones causales, sino de experiencias propias. Se necesitaron cientos o, tal vez, miles de años, para comprender la diversidad de cambios atmosféricos que ocurrían en la sabana y su efecto en el clima, las estaciones, los cultivos relacionados con los ciclos de la naturaleza, la vida y la muerte.

Teusaquillo era el único lugar que durante los intensos veranos que asolaban la región permanecía con agua y en los intensos inviernos que inundaban el altiplano, permanecía habitable por su relativa altura con respecto al nivel de la sabana.

En Bogotá existen contrastes meteorológicos que se han identificado como microclimas.[181] Entre los cerros del oriente y área de influencia predominan fuertes vientos otrora llamados (de Ubaque), porque provienen del Páramo de Choachí y Cruz Verde, cargados de humedad y se precipitan con niebla sobre los barrios del piedemonte.

En el centro, las nubes cargadas de agua ingresan a la sabana por el occidente y se detienen entre Monserrate y Guadalupe, encima del boquerón del Vicacha, ocasionando los aguaceros más torrenciales de

---

[179] Dolmatoff Reichel Gerardo.1975. Los Templos Kogi. Revista Colombiana de Antropología. Vol. I Bogotá. Pág.224, Cita N° 21. Recientemente el profesor Francois Correa Rubio (2004):94,96; reivindica esta observación en los relatos míticos que proponen el camino solar este-oeste como eje del cosmos replicados en la sabana de Bogotá por los ejes fluviales que descienden de los cerros orientales en la misma dirección.

[180] Karadimas Dimitri. ¿cómo llegar a ser un astro? Orfebrería y escatología. En Chaumeil Jean Pierre (2005) Chamanismo y sacrificio.

[181] Martínez Carlos (1983) Bogotá sinopsis sobre su evolución urbana: 9,10

la ciudad y causando (en el pasado y en el presente) gravísimas inundaciones. En la colonia los ríos San Francisco y San Agustín (Vicacha y Sieguachi, respectivamente) se desbordaron en varias ocasiones causando grandes estragos en la pequeña ciudad y llevándose los puentes de muros, sillería de piedra, arcos ojivales, y barandales de piedra, entre otras cosas.[182] El ingeniero José Segundo Peña nos relata los terremotos y derrumbes ocurridos entre Monserrate y Guadalupe acompañados de estruendos debajo de la tierra, de transformaciones en los cauces de las quebradas, de extraños sucesos geológicos a consecuencia, de que los cerros aún se están moviendo, y del aterrador informe del ingeniero Norteamericano Samuel H. Lochette antes de morir contaba tales sucesos.[183]

Recuperado de internet: https://www.wikiwand.com

En el siglo XX, basta con recordar el desbordamiento del río San Francisco (Vicachá) el 5 de diciembre de 1966. En una tarde fresca de un día domingo, mientras el tenue sol trataba de abrir el cielo; irrumpió, bramando en el aire, una inmensa ola de agua espesa, oscura de barro, detrás de la Quinta de Bolívar, rodando con inmensas piedras, descuajando los árboles, levantando, volteando, arrastrando, los vehículos estacionados como si fueran frágiles canoas, y rompiendo las puertas e inundando los patios de las casas. El agua enfu-

---

[182] Posada Eduardo (1957) Los puentes de Bogotá.
[183] Peña José Segundo (1897) Antiguas fuentes públicas:81

recida del Vicacha había encontrado su antiguo cauce que ahora es la Avenida Jiménez, despedazando el pavimento, los andenes y todo lo que encontraba a su paso, hasta la carrera trece, donde siguiendo por su antiguo lecho fue a encontrarse con el sieguachi (San Agustín) en la calle sexta con carrera trece.[184]

Recientemente entrando el siglo XXI, el diluvio con granizada del 3 de noviembre del 2007, nos confirma los repentinos cambios climáticos que se producen en este lugar.

Recuperado de internet: https://twitter.com/historiafotbog/status/1284088696153804801

El Mhuysqa ya había observado estos cambios climáticos desde las cumbres de los cerros y particularmente había notado el vórtice de energías naturales que se formaba en el lugar ubicado exactamente debajo del boquerón del Vicacha, rodeado de agua, viento, arcoiris, luna, sol y estrellas. Vieron la forma de un rombo de fuerzas que circulaba alrededor del centro, tal como se puede apreciar en los antiguos mapas de Bogotá donde se muestra el centro al pié de los cerros de Guadalupe y Monserrate, rodeado por los ríos San Francisco; San Agustín y la Quebrada de San Bruno por el oriente.

---

[184] Arrasador desbordamiento ayer en Bogotá: semidestruida la Avenida Jiménez. El Espectador. Lunes 5 de diciembre de 1966. Página 1 y siguientes.

«Chunsaca Mhuysqa» que es posible ubicarlo en los mapas antiguos de la primera ciudad hoy conocida con el nombre de (Centro) y más exactamente en los elaborados en el siglo XIX.

En el mapa de Vicente Talledo y Rivera dibujado en 1819 en base a un levantamiento realizado en 1810 y en el plano de Bogotá plasmado por el Coronel José María Lans en 1832, impreso como recuadro en el mapa de la República de Colombia por el Coronel Joaquín Acosta [185] y en el mapa del Coronel Agustín Codazzi levantado en 1849[186] podemos confirmar que el «Chunsaca Teubsacá» era uno de los lugares sagrados que tenía el (zipa) en ciertas épocas del año, donde se trasladaba para realizar ceremonias dedicadas principalmente a (sie, el agua, sua, el sol, fuchafiba, el arcoiris y chia, la luna) ceremonias que celebraban los indios, con una sensibilidad, conocimiento e integración con los elementos de la naturaleza, que los españoles no supieron comprender, por el escaso conocimiento de la época y los prejuicios religiosos.

Comprendemos ahora porque el Mhuysqa se consideraban gente de naturaleza, en un proceso simbiótico entre espíritu, espacio y naturaleza, que hoy se reconoce como «geografía del alma»[187] porque nos permite observar que en los cerros orientales, habían lugares especiales llamados (chunsuas) donde nacía la vida, el viento y el Sol, además de (Chia la resplandeciente), y descendiendo por cascadas entre peñascos y boquerones inaccesibles, «Sie, la diosa agua», todo en su justa y respectivas creencias mitológicas.

En Teusaquillo, «chunsaca» de los muiscas, a tres horas a pie por el camino de piedra se llegaba a la (Laguna Encantada del Páramo de Teubsacá) y ahora llamado «el Verjon». Era uno de los cinco lugares de devoción cercanos a Bacata, junto con la de Guatavita donde co-

---

[185] Credencial Historia. Revista (2001) Atlas Histórico de Bogotá. Y, Julio C. Vergara y Vergara. (1936) los planos más antiguos de Bogotá.

[186] Martínez Carlos (1978). Bogotá reseñada por cronistas y viajeros.

[187] Pite Jean Robert (2006) Espacio humano símbolo divino. Entrevista con el autor, profesor de geografía de la Sorbona y Vicepresidente de la sociedad de geografía de Francia. Define "Geografía del Alma", como la relación que existe entre el espíritu, el espacio y la naturaleza, desde el principio de todas las culturas.
En: www. san-pablo.com.ar/revistaonline/

ronaban al (Zipa), seguían la de Ubaque, Guasca y Siecha[188]. Teusaquillo era ombligo y centro religioso de Bacatá, era el centro de influencia y poder, donde convergían en todas las direcciones su influencia, de las fuerzas de arriba y de abajo, izquierda y derecha, del sol, la luna, el viento, las estrellas, el agua y los boquerones.[189]

Recuperado de internet: https://xperiencia.com.co/product/paramo-del-verjon/

Teusaquillo, el (chunsacá Teubsacá Mhuysqa) antiguo santuario natural de los indios corresponde a lo que hoy conocemos como "El Centro": ocupado en toda su extensión por la localidad de la Candelaria, delimitado por el este con los cerros orientales, por el norte con la avenida Jiménez (Calle 13) por el sur con la avenida José Asunción Silva (Calle7) y por el oeste, con la localidad de Santafe.

El encuentro de los antiguos ríos Vicachá y Sieguachie a la altura de la carrera trece con calle sexta, allí ubicado actualmente en el nuevo parque del tercer milenio, al frente de la estación sexta de policía,

---

[188] Todas las sieguas o lagunas eran sagradas, agregando las de: Guatabita, Iguaque, Fuquene, Tena, Chingaza, y otras.

[189] Cfr. Rozo G (1998) Relatos de la antigua Bacatá. Pág. 23. Londoño Eduardo (1996): El lugar de la religión en la organización social Muisca. Pág. 68 y Francoise Correa (2004) El Sol del poder. Pág.85-86.

antes de la avenida caracas, en donde Rogelio Salmona construyó un monumento al agua, en memoria de la unión de los ríos que hoy circulan y se unen entubados por debajo de la tierra.

Recuperado de internet: https://www.elequipomazzanti.com/es/proyecto/parque-tercer-milenio/

Del Chunsacá Teubsacá partían los principales caminos de piedra prehispánicos hacia el oriente, para realizar toda clase de intercambios con las tribus vecinas y con el Mhuysqa de los cercados de Choachi, Fómeque, Ubaque, Chipaque, Une, Cáqueza, Fosca, Quetame, Chuntiba y los llanos de San Juan. Caminos que después fueron convertidos en Reales por la Corona Española.

Simón y Piedrahita mencionan los "caminillos que salían de Teusacá" y que por el boquerón del Río San francisco (Vicacha) pasaba un camino indígena que bajaba por Choachi, Fómeque y Quetame y que con el tiempo se convirtió en una trocha frecuentada por indios y mestizos que comunicaba con los páramos, y después fueron los caminos reales siguiendo los caminos indígenas que mandó a construir Juan de Borja en 1605 entre Bogotá y los Llanos. [190]

El Camino de oriente por Choachi "verdadera pieza de arqueología indígena y colonial de indudable valor histórico, al cabo de tres o cuatro siglos, dejados como memoria de nuestra cultura ancestral".[191] De modo, que se extingue por carecer de una política adecuada de

---

[190] Langebaek Rueda Carl Henrik (1997) los caminos del piedemonte. Bogotá .U Andes. Y, en: Mariano Useche Losada. Et.al. (1995) Caminos Reales de Colombia. Fondo FEN. Editorial OP. Gráfica Ltda. Bogotá. pág.37 Y, en Cerros de Bogotá. 2000. Villegas editores. Pág.142

[191] Melo Jorge Orlando (1995) Los caminos reales, retrato viviente de una especie en extinción. En: Mariano Useche. Et.al. Caminos Reales de Colombia. Pág.13-17

conservación del patrimonio arqueológico como existe en otras partes del mundo, por ejemplo, (El Camino de Santiago de Compostela entre España, Francia y Portugal). Fue tan significativo el camino de Choachi en el pasado prehispánico, como la Parroquia de Choachi, en la colonia y durante la República. En el siglo XIX, la Parroquia de Choachí es utilizada a manera de lindero para establecer uno de los barrios más importantes de la vieja Bogotá. Indudablemente se trata del Barrio "Las Aguas" que comienza su historia eclesiástica y civil cuando el Arzobispo Arbelaez dándose cuenta de la congestión de la Parroquia de Las Nieves, erigió la Parroquia de Nuestra Señora de las Aguas el 6 de diciembre de 1882, limitando por el río San Francisco, aguas arriba hasta la Parroquia de Choachi. [192]

Los cerros de Monserrate, Guadalupe y la Peña están relacionados con la antigua devoción indígena, de subir a los cerros que realizaba el Mhuysqa con fines sagrados y rituales, antes de la llegada de los conquistadores. Devoción transfigurada en el sitio de adoración, por las construcciones de Ermitas católicas a donde suben miles de filigreses.

La Capilla de Monserrate fue iniciativa de Don pedro Solís de Valenzuela entre 1652 y 1657. Al principio para venerar la réplica de la Virgen Morena de Montserrat de España. Pero, con el tiempo los Bogotanos cambiaron esta devoción por otra escultura que había en la Tebaida: "El Santo Cristo caído a los azotes y clavado en la cruz" porque representaba mejor sus padecimientos. Piadosa escultura tallada por el maestro Bogotano Pedro de Lugo y Albarracín[193].

Con los siglos se comenzó a llamar al Cristo caído y al cerro de Monserrate, "Nuestro Señor de Monserrate" e incluso fue convertido en "Patrono de Bogotá", en cambio, se olvidaron para siempre de la Virgen Morenita que hoy se ignora su paradero.

En la iglesia de Choachi-Cundinamarca, se veneraba desde los tiempos de la colonia, una hermosa Virgen Morena que tenía en su pedestal grabado la inscripción "Nuestra Señora de Monserrate", tallada en piedra y de procedencia desconocida.

---

[192] Ibáñez Pedro María (1891) Crónicas de Bogotá y sus inmediaciones: 447
[193] Bayona Posada Jorge. 1994. Los misterios de Monserrate y Guadalupe. Ed. Kimpres. Bogotá. Pág.16

Con el tiempo fue borrándose, poco a poco, la inscripción y la única prueba que la identifica como (Virgen de Monserrate), así que quedó, en una antigua fotografía de la misma virgen que aparece en la monografía sobre Choachi, realizada en 1996 por el historiador Chiguano Fabio Pardo. [194] En 1656 mientras se edificaba la ermita de Monserrate llegó la fama de la Virgen morena de Guadalupe aparecida en México al indígena Juan Diego, y de inmediato unos cuantos devotos Santafereños erigieron en el cerro contiguo de adoración Mhuysqa, otra ermita más, para venerar a la Virgen de Guadalupe.[195]

No habían pasado treinta años cuando en 1685, en el otro cerro del Mhuysqa, se le apareció la virgen a un mestizo guaquero llamado Bernardino Rodríguez: era una virgen pintada sobre una roca con la imagen de la Virgen Maria con el niño en brazos; San José y dos ángeles, con la misma imagen que se adoraba hacía cien años en el pueblo de Chiquinquirá. Y de igual forma, que en las anteriores, se procedió a levantar una ermita en lo alto de la peña. Desde entonces el santuario se conoce con el nombre de "La Virgen de la Peña".[196]

Recuperado de internet: https://www.elespectador.com/bogota/tesoros-de-bogota-antigua-ermita-de-la-pena-ruina-sobre-ruina/

En hispano América conquistada, se procedió de igual forma: en

---

[194] Pardo Fabio Hernando.1996. 500 años de historia Chiguana. Impresión litoforma modelo Bogotá. Pág.106

[195] Bayona Posada Jorge. 1994 .Op. Cit. Pág.18-19

[196] Caballero Beatriz.1987. El Santuario de la peña. En Boletín cultural y bibliográfico. Vol.24. N° 11.Banco de la República. Bogotá. Pág.60 y siguientes.

casi todos los lugares de adoración indígena se levantaron Ermitas, Tebaidas e Iglesias con nombres bíblicos tratando de trasplantar todas las de España. Don José María Ibáñez autor de las "Crónicas de Bogotá", dice: "Se tallaron en las rocas del sendero que conduce de la ciudad a la capilla cuatro ermitas que aunque de pequeñas proporciones semejan la de los cerros de Nuestra Señora de Belén, en Andalucía, Montserrat en Cataluña y la tebaida en Egipto".[197] Claro está, que la costumbre de adorar en los cerros no es exclusiva de los indios americanos, sino de todos los pueblos antiguos del mundo.

En Europa los griegos adoraban en el Monte Parnaso a sus dioses, después Monte Athos para los ortodoxos y Monte Blanco para los protestantes. Moisés recibió las tablas sagradas de la santa ley en el Monte Sinai. El suplicio y muerte de Jesús, ocurrió en el Monte Gólgota, asimismo, El Monte Saint Michel, en Francia, lugar multitudinario de peregrinación, como el camino de Santiago en España.

Por fin comprendemos el mensaje del Mhuysqa, pueblo que veneró y amo estos lugares, antes que nosotros, dejándonos una sola enseñanza: el hombre es naturaleza, es vida y tierra, por esto la necesidad de respetar y cuidar los espacios donde vivieron nuestros ancestros (en el caso de los que vivimos hoy en la ciudad), los cerros, humedales, páramos y lagunas que rodean la sabana, de lo contrario, la hecatombe ecológica será el precio de nuestra indiferencia.

---

[197] Ibáñez Pedro Maria.1989. Crónicas de Bogotá. Tercer Mundo editores. Bogotá. Pág.153

Bacata

Cercados y labranzas de Bachue

Desde los tiempos más remotos, el Mhuysqa había logrado hacer de la sabana de Bogotá, la réplica del Jardín perdido: (parecía una enorme y brillante esmeralda). La naturaleza reverdecía y por su misma exuberancia fulguraba en cien matices de verdes vivos. La comarca entera, estaba constelada de pantanos que poseían su propia flora y fauna muy particulares".[198]

El prodigio de la antigua Bacata, resalta en la mirada del cronista Pedro Simón cuando se refiere a la primera impresión que causo en Quesada y la tropa, dice: "La grandeza en largo y ancho de este valle de Bogotá, que son doce leguas de largo, y siete de ancho, por todo el las espaciosísimas llanadas de grandiosas poblaciones, tan juntas que todo, parecía un pueblo, y bien altos y bien vistosos, los edificios, en especial los que eran de los principales y de los caciques, que los tenían bien cercados con una traza a su modo, tan vistosa que si puedes mirar desde lejos, parecían unas inexpugnables fortalezas, (que luego llamaron),Valle de los Alcázares, por parecer esos, los cercados".[199]

En Bacata, estaba el cercado del Zipa (hoy municipio de Funza) y descrito por los primeros conquistadores que lo vieron: "Era un pueblo nuevo, que el señor que llamaban Bogotá había acabado de hacer, muy hermoso, de pocas casas y muy grandes de paja, bien labradas y

---

[198] Escribano Mariana (2005):74

[199] Simon Pedro (1981): Tomo III. Pág.187, 188. Es importante notar que los conquistadores en su afán de encontrar razones que justificaran el exterminio de los indios, en muchos aspectos los comparaban con los Moros con los cuales habían mantenido una lucha encarnizada durante 8 siglos.

cercadas con haces de caña de gentil arte. Tenía 10 o 12 puertas con muchas vueltas de muralla, en cada puerta por supuesto. Estaba cercado el pueblo con dos cercas. Tenía entre cerca y cerca una gran plaza. Una casa de ellas, estaba llena de tasajos de venados, curados y sin sal".[200]

Quesada observó las imponentes fortificaciones guarnecidas con murallas y adornados con finísimas pinturas, en las paredes y techos y sobre el piso, suavísimas esteras de fique con dibujos labrados con espartillo de diferentes colores, y con estatuas que él denomina "molduras de bulto". [201]

En estos cercados, acostumbraban a mantener al Zipa y a los Cacique principales, bohíos destinados a guardar alimentos armas y mantas para distribuir entre los tributarios y soldados. En otros cercados, se educaba a un grupo selecto de mujeres "Tiguyes" que significaba "mujeres que cantan". Indias iniciadas en el arte de cantar y amar a quienes desposaban en ceremonias especiales por motivo de alianzas, recompensas, acuerdos y premios.

Los Incas tenían a las "Vírgenes del Sol" y los aztecas tenían un lenguaje exotérico para hacer el amor llamado "Nauatlatollí" de otra parte en Japón, Geisha, significaba artista, obra de arte en movimiento. Tisquesusa tenía 200 "tiguyes" según el cronista Simón.

El Mhuysqa tenía la palabra "ba, bo o bu"[202] para designar a sus dioses tutelares: Bochica, era el Dios que protegía sus cercados; Bachue, Diosa madre, "la de los dignos pechos desnudos"[203]; Bunza[204] Río de Dios, del todopoderoso. Y Bosa, es la doble respiración rítmica y serena del creador.[205] Por consiguiente "Bacatá" bien podía significar: "tierra de labranzas y cercados de la Diosa Bachue" por cuanto "Ba" es apócope de la diosa; "Ca" es el cercado y "Ta", con el

---

[200] Anónimo. Relación de la conquista de Santa Marta y Nuevo Reino de Granada. En Friede Juan (1960) Descubrimiento del Nuevo reino de Granada y Fundación de Bogotá:235

[201] Jiménez de Quesada, Gonzalo.(1979):90

[202] Acosta Ortegón Joaquín.1938. El Idioma Chibcha aborigen de Cundinamarca. Op.Cit. Pág.137.

[203] Rozo Gauta José. 1998. Relatos de la antigua Bacatá. Op.Cit. Pág.20

[204] La palabra Bunza era la misma que designaba al río Funza después Bogotá. Según Fray pedro Simón (1981) Tomo III. Edición del Banco Popular. Pág.379.

[205] Escribano Mariana (2002) Descifrado de los números del calendario lunar. Pág.98

significado de cultivos y labranzas. Aunque los españoles confundían la F con la B, [206] Bacatá no se escribe ni se pronuncia con F sino con B; y, si toda la sabana estaba distribuida por dentro en toda su extensión con sementeras, labranzas, cercados, templos, casas y con toda clase de cultivos; ¿porque iba a significar "fuera de labranza"? interpretación plausible, si hacemos que la palabra "fac", signifique afuera.[207]

Recuperado de internet: https://es.wikipedia.org/wiki/Sabana_de_Bogot%C3%A1

Miguel Aguilera de la Academia Colombiana de Historia nos refiere que Bogotá es la conversión del vocablo Bacatá que correspondía al pueblo de indios que hoy se conoce con el nombre de Funza a un lado del río Bunsa, funza o Bogotá donde se encontraba Bacata epicentro del Zipa. El Libertador y demás patriotas en el congreso de Angostura de 1819, dispusieron que el Nuevo Reino de Granada tomara el nombre de Colombia, Bogotá en reemplazo de Santafe y la

---

[206] María Stella González de Pérez (1996): Pág. 39 Nota 4, nos advierte que los españoles sustituían los sonidos muiscas y las grafías, cambiando con frecuencia: a, b, f < y > z, c, s, y las letras u, v, b con el mismo valor. Ver, también: Acosta Ortegón Joaquín. 1938. El Idioma Chibcha aborigen de Cundinamarca. Imprenta del Departamento. Bogotá. 1938. Pág.142.

[207] En otra interpretación: facata, proviene de "faca", piedra mármol y Ta, cultivo, constituyendo otro significado: "Los cultivos o labranzas de las piedras de mármol". Los significados de las palabras fueron consultados en :González de Pérez (1987) : 295

región adquiriera el nombre de Cundinamarca[208]. De otra parte,[209] existen pruebas lingüísticas que nos permiten relacionar el origen y etimología de la palabra "Cundinamarca", con el nombre que daban los Incas al país del norte de los Andes. Derivado del quechua, "cundur", que significa: cóndor y "marca", que significa: tierra, entonces, Cundinamarca en Colombia, era conocida por los Incas del Perú como: "La Tierra del cóndor". No olvidemos que la palabra fue traída por las huestes de Sebastián de Benalcázar, con el significado de Cundurmarca, tierra del cóndor, sugerido por el relato de un indio Mhuysqa en Quito, quien le refirió la costumbre de los Caciques Mhuysqas de bañarse cubiertos con polvo de oro en las lagunas; así nació la Leyenda de "El Dorado" que engaño a más de un conquistador, e hicieron posible las expediciones que descubrieron a los Españoles, «porque los indios hace mucho tiempo que las conocían» la tierra del oriente del Sur de América. Benalcázar abandonó el Ecuador con la intención de encontrar "El Dorado" pero finalmente se encontró en Bacatá, con Quesada y Federman discutiendo la conquista del Mhuysqa.

Bacata, en los tiempos anteriores a la conquista fue el lugar de las mantas, de algodón primorosamente pintadas, de la sal y de los famosos orfebres. Desde tiempos inmemoriales ocupaba un lugar de encuentro e intercambio entre la zona de la selva amazónica y el pacífico, entre los imperios inca y azteca y entre los vecinos mayas y caribes. "El caribe antiguo, comprendía el golfo de Maracaibo hasta Nicaragua, el golfo del Darién y el istmo de Panamá. Lugar de pescadores que sirvió de puerta de entrada al pacífico y a los imperios del Perú. Perteneció inicialmente a los orfebres chibchas, influyendo con su cultura y lengua que se hablaba entre las tribus que ocupaban todo el territorio que después sería la Nueva Granada y la Gran Colombia.

Esta cultura creadora de un exquisito léxico sobre el oro Tairona y Sinu, en la actualidad tiene sus descendientes entre los hablantes chibcha que ocupan la costa y sus alrededores, como los Kogi que viven en las laderas del nevado de Santa Marta; los Cuna de Ustupo, Mulatupo y otras ciudades-isla (tup) de Panamá, los Talamaqueños

---

[208]Miguel Aguilera. Nota 1. En: Rodríguez Freile, Juan (1990) El Carnero: pág. 40.
[209] Posada Eduardo (1929): 409 y Roberto Velandia (1971) : 21

de Costa Rica y los Paez que viven en la fuente misma de los ríos Magdalena y Cauca, en la gran divisoria de aguas señaladas por las tumbas de Tierradentro y las estatuas de San Agustín."[210]

La cultura e influencia Mhuysqa se expandió en el centro de Colombia hasta los Yariguies, Guanes, Laches, Teguas, Sutagaos, Cundayes, Coyaimas y Natagaimas. Por el sur del país, llegaba hasta los Ingas, Quillacingas y Pastos.[211]

En el esplendor de la cultura Mhuysqa, la sabana de Bacata estaba poblada por innumerables bohíos y cercados y cultivada en toda su extensión. Los cacicazgos principales: Facatativa, Bojacá, Suacha, Bosa, Teubsacá, Tuna, Usaquen, Suba, Cota, Chia, Cajicá y otros que rodeaban al Zipa de Funza se comunicaban por caminos de piedra o fluvialmente por la red de ríos que desembocaban en el río bunza (Bogotá) y por los afluentes que bajaban de los cerros a juntarse con el poderoso Río de Dios.

En Bacata, por el oriente, partía un camino por el boquerón del Vicachá hacia los llanos. Antiguo camino Mhuysqa que atravesaba los páramos de cruz verde, por el nacimiento del río Vicachá, pasaba por las lagunas encantadas del páramo y descendía por Choachi, Ubaque, Chipaque, Cáqueza, Quetame, hasta los llanos de San Juan y San Martín.

Desde Funza donde se encontraba la residencia del Zipa de Bacatá era posible dirigirse en balsas por el río bogota a las poblaciones de Suba, Cota, Chia y Cajicá. En Chia, aldea dedicada a la diosa luna, se encontraba el seminario (cuca) destacado entre los Mhuysqas donde recibían sagrada educación los futuros Zipas, Ubsaques y Chyquy (sacerdotes) de Bacatá.

Las balsas y canoas que navegaban los ríos de la sabana se pudieron observar hasta el siglo XVIII. Santiesteban en 1740 decía que en las ciénegas que rodeaban al río Bogotá crecía una especie de juncos que en Perú llaman "totora" con la que juntando suficiente, los indios de la sabana hacen barquillas o balsas para la pesca del "capitán"

---

[210] El Caribe, donde los sueños se mecen bajo las palmas, huerto tropical y milpas de maíz- Gordon Brotherston (1997) La América indígena en su literatura: Pág. 34 35
[211] Ocampo López Javier (2000) Historia Básica de Colombia: 34 y Maria Amparo Montaner Montava. Clasificaciones de las lenguas Chibchas. En, Julio Calvo Pérez (1994) Estudios de lenguas y culturas Amerindias I.Pág.137

especie de bagre cuya sustancia es muy blanca, tierna y regalada.[212] Fray Pedro Pablo de Villamor en el año de 1720 también observo la pesca en balsas de junco, de pequeños peces con figura de sardinas llamados guapuchas y otras mayores de color amarillo, negro y azul sin escama llamado capitán.[213]La navegación por el río Bogotá entre los pueblos de la sabana y para pescar se puede contemplar hasta el siglo XIX en los cuadros de Giovanni Ferroni y Eugenio Díaz (1804-1865) en su obra más notable "Los pescadores del Río Funza."[214]

En su alimentación incluían los pescados que obtenían en los ríos y lagunas de la sabana que llamaban "Guamhuyca" o "Chichinegui"pescado de piel negra, pero de purísima carne blanca, parecido al bagre, que los españoles llamaban Capitán por sus barbas, exquisito manjar que se deshacía en la boca según Jiménez de Quesada: "aunque no es de gran abundancia, es lo mejor que se ha visto jamás, porque de diferente gusto y sabor de cuantos he comido. Es solo un género de pescado y no grande sino de un palmo o de dos, y de aquí no pasa, pero es admirable cosa de comer."[215] Otro pez llamado "Guapucha" o pez blanco derivado de gua, pez y pguyhyza, blanco. Utilizaban estanques para criarlos y también los pescaban en los pozos llamados "chucuas" o pantanos hondos.

Adicionaban a su dieta cangrejos, "fupcuas" y caracoles, "biza". Con permiso de los caciques para evitar su extinción podían cazar venados en ciertas ocasiones. Conservaban el venado de páramo blanco, el soche, el conejo, el cuy o sucuy, el borugo, puerco de monte, nutria, danta, runcho o fara, armadillo, monos y micos. Entre las aves, las torcazas, las tórtolas, pavas, pollonas, perdices y variedad de patos.[216] La fertilidad de la sabana fue una de las principales ventajas que aportó el altiplano para que floreciera la vida y la cultura

---

[212] Robinsón David j.(1992) Mil leguas por América de Lima a Caracas (1740-1741) Diario de Don Miguel Santiesteban:185

[213] Citado por Guillermo Hernández de Alba. El río Bogotá a través de la historia. En Villegas. Río Bogotá (1985):54

[214] Villegas (1985) El Río Bogota. pág.121

[215] Jiménez de Quesada Gonzalo. (1545?) Epítome de la conquista del Nuevo Reino de Granada: 90,91

[216]Zerda (1882) Tomo I: 167 y Rozo Gauta, José. (1998) Alimentación y medicina entre los muiscas.

Mhuysqa como lo observaron en muchas oportunidades los cronistas. Comprobando que las poblaciones: "Las había derramadas por sus valles y territorios, de diez, de veinte, de treinta, de ciento y más y menos casas, cada pueblo, según es la disposición, y más fértil la tierra".[217]

Bacatá, además de ser el centro político, cultural, administrativo, militar y artesanal, más importante en territorio del Zipa, ocupaba un lugar sublime en lo religioso. Estaba en la misma categoría principal de santuario muisca que Guatavita y Sogamoso; afirma Clara Inés Casilamas[218] citando a Fray Alonso Zamora, destacado historiador Bogotano, que transcurrió su vida influenciado por la geomancia del lugar, en el convento de «Las Aguas», donde vivió y escribió su obra. Claustro que estuvo ubicado a un lado de la iglesia de las Aguas, a la altura de la avenida 19 con carrera segunda, frente al puente de ladrillo, que aún se conserva semienterrado sobre el antiguo cauce del río Vicacha; ahora convertido por Rogelio Salmona, en "Eje ambiental de la Avenida Jiménez."

En la actualidad aún se puede constatar «no obstante los elevados edificios que se interponen a la vista» el paisaje que debieron divisar los antiguos habitantes de la sabana y los forasteros cuando ingresaban al altiplano por cualquiera de los cuatro puntos cardinales. Siempre por el oriente aparecen los cerros, prolongándose como una especie de muralla natural que preserva el valle de los fuertes vientos alisos que penetran por el este hacia el occidente.

En la entrada a la sabana por el sur estaban las poblaciones de Suacha, Chivaté y Bosa, testigos de las primeras migraciones que entraron por el Magdalena ascendiendo por el boquerón del tequendama, constancia que dejaron grabadas los paleoindios con elabordos jeroglíficos, en inmensas piedras que aún perduran y de las cuales algunas fueron abrigos rocosos. Según el relato de Simón[219] fue por el sur oriente procedente de los Llanos, por el antiguo camino de piedra

---

[217] Fernández de Oviedo Citado por: Pérez de Barradas José.1950.Pueblos indígenas de Colombia. Los Muiscas antes de la conquista. Tomo I. Madrid. Pág.403.

[218] Casilamas Rojas Clara Inés. 2001. Juntas borracheras y obsequias en el cercado de ubaque. Proceso seguido al cacique de ubaque. En boletín del Museo de oro N° 49, Jul-Dic 2001. www.banrep.gov.co/museo/esp/boletín/49/casilamas.htm

[219] Simón Pedro (1981) Tomo III: 374

indígena que pasaba por Pasca, que entró Bochica. A finales del siglo XIX el Señor Nazario Lorenzana empleado de la Compañía Quinera de Colombia le mostró al Dr. Liborio Zerda un camino de piedra indígena muy antiguo que parte de San Agustín, atraviesa la cordillera oriental y sigue hacia los llanos.[220] Seguramente los caminos que se perdieron para siempre eran similares a los caminos Incas con extensiones hasta de más de mil millas de longitud que relata Prescott[221] atravesando los ríos con puentes colgantes, con precipicios, terraplenes y rocas talladas, atravesando las cordilleras, uniendo los litorales y los pueblos antiguos en un intercambio cultural y social, sin precedentes en la historia.

Por estas rutas llegaron las semillas de nuevas plantas alimenticias domesticadas en otros pueblos, las telas de algodón, los poderes de la naturaleza y las deidades representadas en piedras talladas o en figuras de purísimo oro. Intercambio y comunicación cortada de raíz con la llegada de los Conquistadores. Caminos que ocultó la naturaleza por carecer de una política efectiva de conservación del patrimonio arqueológico que nos hubiera dejado conectarnos con el pasado y con nuestro origen, indispensable para formar Identidad y sentido de pertenencia.

Entre la historia y la leyenda, se dice que: "el arqueólogo White en 1884 descubrió a partir de Yolombó una ruta que comunicaba a los muiscas del altiplano Cundiboyacense con Antioquia y aún con los chibchas de Centroamérica" [222] La expedición de Gonzalo Jiménez de Quesada y su hueste, pudieron coronar con éxito su descabellada empresa cuando encontraron indios Mhuysqas y "la ruta de la sal" que utilizaban los Mhuysqas para llegar hasta las costas del océano. Desde el sitio denominado por ellos la Tora que significaba Ley para los judíos que venían en la expedición, los Españoles iniciaron el ascenso por el filo del río opón y siguiendo "el camino de la sal", pudieron llegar al primer pueblo Mhuysqa llamado Chipatá, que significaba, inicio de las labranzas del zipa.

---

[220] Zerda Liborio (1882) (1972) El Dorado. Tomo II: 178-179.
[221] Prescott. Historia de la conquista del Perú. Citado por Liborio Zerda. Ibíd. Pág. 198
[222] Medina de Pacheco, Mercedes. Los Muiscas:163

Recuperado de internet: https://blog.redbus.co/turismo-y-aventura/laguna-de-ubaque/

Por estos caminos «es posible» que viniera la técnica de la cera perdida, procedente de Asia, utilizada en la fundición de objetos de oro «porque, según parece» el conocimiento de la metalurgia se conoció mucho antes en Eurasia que en América. Según el Antropólogo Alemán, Robert Von Heine-Geldern, intentando comprobar completamente el origen asiático de la orfebrería americana.[223]

Finalmente Bacata, era el lugar más importante de los Mhuysqas y los cerros orientales el lugar de sus dioses y ancestros primordiales que hacían posible mantener y preservar la vida del Mhuysqa es decir

---

[223] Citado en la obra del Banco de la República. El Dorado (1973): 19, 20,24 y la posible entrada de las técnicas de fundición de oro por el sur, siguiendo la ruta del magdalena, En: Falchetti Ana María. (1993)La tierra del oro y del cobre.

de la naturaleza. Equilibrio universal que guardaban celosamente por los cuatro cielos de la tierra. Por el sur occidente en Bojacá, en un pequeño valle con muchas piedras grabadas con jeroglíficos en el lugar conocido con el nombre de "Chivo Negro" y por el occidente en las monumentales piedras de Facatativa, uno de los lugares más significativos de esta cultura donde aún es posible encontrar jeroglíficos con alusiones al sistema de cerros. Por el sur con las piedras con jeroglíficos de Suacha y Chibate, por el oriente con los cerros y por el norte con Chia.

Recuperado de internet: https://es.foursquare.com/v/piedras-de-chivo-negro/4e10d942b61c637b97a8466d

Hischata[224]

Cultivar la Tierra

La domesticación de especies vegetales y animales para su alimentación, constituyó el gran salto del indio neolítico al formativo, permitiéndole consolidar un territorio y dedicar su atención a otras actividades relacionadas con el arte, la religión y la organización social.

Con sencillos instrumentos que fueron probando durante siglos prepararon y adecuaron los terrenos para la siembra; perfeccionaron instrumentos similares a los que se usan en la actualidad, pero hechos de madera y piedra como el azadón que le decían "coa."

Otros instrumentos parecidos a los barretones de madera, palas de piedra y hueso. En las actividades agrícolas no manejaban animales de tiro como la yunta de bueyes o caballos, conocidos en el viejo mundo, porque no los tenían, ni tampoco los necesitaban, pues se bastaban a sí mismos.

Era costumbre del Mhuysqa, sintiéndose naturaleza, realizar un ritual dedicado a la fertilidad de la tierra para conseguir buenas cosechas. Después de cientos de años de pruebas con fracasos y éxitos, comprendieron que la germinación de las plantas dependía de: "Guaiahicha", la madre tierra, fertilizada por "Sie", el agua y fecundada por "Sua", el sol, de donde brotaba "Myia", el oro, semen de "Sua" cuando copulaba con "Chia".

La asociación entre la fertilidad de la mujer y la fertilidad de la tierra, representada por la luna, el agua y la potencia del sol, semen de oro; hizo que se fuera arraigando en el pueblo Mhuysqa una profunda fe en la costumbre de invocar las nupcias del Sol y la Luna

---

[224] Hischa", tierra elemento y "Ta", parcela, labranza o cultivo. González de Pérez .op.cit.pag.326 y 273.

para atraer la fecundidad de la tierra; pues en su concepción mágica del mundo, todos los elementos de la naturaleza tenían un origen divino, en igual forma las plantas y sus complementos y la mejor forma de hacerlo era encarnando en una celebración especial, la cópula universal del sol y la luna, con el acto sexual de la mujer y el hombre sobre la tierra.[225]

Aba, el maíz había sido obtenido de unas pepitas de oro, que sembró por primera vez Bochica, su maestro protector, en una hermosa leyenda que contiene una parábola de enseñanzas que incluyen la fe, la esperanza y la paciencia. Ocurrió después de la gran inundación, cuando el indio Pericá llevaba en una bolsita pepitas de oro para cambiarlas por alimentos destinados a su familia.

De súbito, un ave negra se le apareció y le arranco la bolsita. Entonces apareció Bochica sembrando los granitos de oro ante la mirada estupefacta del indio Piracá. Al verlo Bochica le dijo «No te enfades y ten paciencia. Vete y regresa después de la luna nueva. Aquí en este mismo lugar encontrarás una sorpresa». En el plazo previsto, después de soportar con paciencia muchas dificultades, Pericá regresó y encontró un jardín de plantas verdes con mazorcas de granitos amarillos. Sopló el viento trayendo musgo que se convirtió en las barbas y las hojas que recubren el choclo. Así fue como apareció el maíz, principal alimento entre el «Mhuysqas».[226]

Siendo Bochica el patrono y el protector, él les da el cultivo del maíz. Alimento de dioses, nacido de la alquimia de un metal sagrado implantado en las entrañas de la tierra. Esta noción, del embrión de oro, se encuentra muy explícita en los «Veda». Se trata del germen de la luz universal, principio de la vida que, en la mitología «Hindú», es portado en las aguas primordiales.

En este contexto el embrión de oro es sepultado en la matriz de «Gaia». Puede analizarse, que el Mhuysqa además de considerar el oro como el sudor del astro divino, tenía la creencia que el oro, en otra polaridad cristalizaba la semilla eterna de «Sua», el generador de vida. El Dios Bochica promueve la «epigénesis» del embrión de oro,

---

[225] Principalmente en las fiestas que hacían en sus labranzas. Ver: Simón (1981) : 405

[226] Resumen de la leyenda transcrita por: Escribano, Mariana.(2000) Cinco mitos de la literatura oral mhuysqa o chibcha: El origen del maíz.31

unión interna de la esencia y de la exhalación divina, engendrando el cereal sagrado. Cuya finalidad será cumplida, ya que el maíz con sus granos dorados, puso fin a la hambruna de la población chibcha, que en estos tiempos acaba de sobrevivir a la devastación del peor de los diluvios. Una catástrofe, que bien pudo ocurrir como consecuencia de una era «postglaciar».[227]

En las principales culturas de «América aborigen», el maíz fue la principal fuente de alimentación y sobre su cultivo y cosecha nacieron las más significativas celebraciones y rituales.

Por el maíz estudiaron el cielo, la luna, los astros, las estrellas y perfeccionaron sus calendarios. Los aztecas lo adoraban en la forma de la diosa "Xilonen" que sostiene dos mazorcas en cada mano, y era costumbre musitar una fervorosa plegaria en el momento de sembrarlo. Entre los mayas: "Tlaloc" Dios de la lluvia, es representado con una vara aderezando una planta de maíz y era el origen de la carne y la sangre del hombre; por esto, adoraban la espiga de maíz y en su semilla veían el cielo. Por el maíz hace 2000 años a.C. o sea, 4000 años antes del presente, se desarrolló la agricultura con regadío, en terraplenes, terrazas y camellones.

Era por perfección, una planta sagrada, base de ceremonias especiales, para desterrar la pobreza y era tenido como un amuleto para atraer la riqueza.[228] En los abrigos rocosos del municipio de Zipacón se encontró bajo tierra, «ráquiz de maíz», junto con aguacate, batata, totumo y utensilios, con una antigüedad de 3.270 años antes del presente. Dato que nos indica la antigüedad de la cultura del maíz entre nuestros antepasados.[229] Entre los Mhuysqas, el maíz era tan importante que tenían varias palabras para distinguirlo por su color, sabor, y otras propiedades.[230]Pero no era solamente al maíz al que dedicaban

---

[227] Ibíd. Pág. 33

[228] Prieto Molano carolina. (1994) Hasta la tierra es mestiza: 95,96 y De Silva Celis Lilia Montaña.(1970) Mitos, leyendas, tradiciones y folclor del lago de tota:80

[229] Correal Urrego Gonzalo(1990) Aguazuque:261

[230]Maíz, se decía "Aba".Maíz amarillo, "Abtyba". Maíz blanco, Fuquie o Pquyhyza. Maíz colorado, Sasamuy. No tan colorado, fusuamuy. Maíz rojo blando, phochuba. Maíz negro, Chiscamuy. Maíz rojizo, fusuamy. Maíz de arroz, Hichuamuy.Maíz desgranado, agua. González de Pérez, María Stella. (1987) Diccionario y gramática chibcha: 277; Rozo Gauta José. (1977)La cultura material de los Muiscas: 19; Zerda Liborio (1882) El

ceremonias religiosas sino a todas las plantas que cultivaban según los distintos pisos térmicos. Todas tenían su propia leyenda, danzas y oraciones rituales para obtener buenas cosechas. El algodón, Los cubios, las chuguas rosadas y blancas u ollucos , las arracachas blancas, amarillas y moradas, la yuca de la tierra templada y caliente, la sandía, la cidrayota, los fríjoles, la achira o maranta, las ibias, la piña.

Muchas variedades de "papa" que los españoles llamaron "turmas"y con este nombre figuran en los diccionarios de la época. En Mhuysqa se decía "Iomza" diferente a la turma de animal "Niomy".[231]. La quinua o quínoa, era consumida por los indígenas en toda América.

Habían conseguido domesticar frutas que hoy consumimos como: el balú o chachafruto, el aguacate, la guanábana, la pitahaya, la badea, la curuba, la chirimoya, la guayaba, el tomate, la granadilla, la uchuva, la guama, el cacao. Condimentos como el ají, la sal, el paico, el achiote utilizado también como colorante y el azafrán.[232]

Plantas sagradas con fines terapéuticos como la coca, la quina, el borrachero, el guane, el nogal, el aliso, el guayacán, el gaque y el tabaco, algunos ya mencionados. Además muchísimas plantas, hierbas y flores utilizadas con fines terapéuticos; pero, recordemos que debido a la intransigencia de los cronistas, todo el conocimiento botánico indígena se perdió.

El Padre Aguado se deshizo de todo el legado oral e informes obtenidos directamente de los chamanes Mhuysqas, por considerarlos brujerías y cosas del demonio[233]. Esta percepción la sintieron casi todos los conquistadores, debido a su incondicional fe en el precepto católico y su rechazo a cualquier otra posibilidad de conocimiento de

---

Dorado. Tomo I: 166. Y una investigación mas reciente encuentra varias palabras muiscas en el lenguaje Colombiano relacionado con la cultura del maíz, en: Montes José Joaquín y Rodríguez de Montes María Luisa (1975) El maíz en el habla y la cultura popular en Colombia.

[231] La amarilla que conocemos con el nombre de criolla, se decía: "Tybaiomy".La papa negra, "Funzaiomy". La papa blanca, "Xieiomy".La papa harinosa como la pastusa, "Quyhysaiomy". González (1987) Op. Cit. Pág.331

[232] Rozo Gauta (1977): 21 .Zerda. Tomo I (1882): 166

[233] En, Morón, Guillermo. (1957).Los cronistas y la historia. Universidad de Hamburgo. Publicado por el Ministerio de Educación de Venezuela. Caracas. Pág.37 a 42

origen mágico religioso. Sin embargo, algunas tribus sobrevivientes de América aún guardan en su memoria conocimientos muy valiosos=

Los mayas supervivientes de la península de «Yucatán» son capaces de distinguir más de 900 especies vegetales.

Recuperado de internet: https://www.jesusagrario.com/paginas/elementales/arbol.html-Árbol borachero.

En «Ynchi iansuca» (El Encuentro con otros) vimos la importancia del árbol «Tyhyquy o tijiqui», conocido con el nombre de borrachero.[234] El tijiqui blanco contiene escopolamina potentísimo alcaloide y el tijiqui rojo contiene antropina, anestésico que los «Mhuyscas» empleaban con fines oníricos y alucinógenos. Según Pérez de Barradas, los «Mhuysqas» lo utilizaban como visionario, analgésico y estimulante sexual en una bebida que preparaban y llamaban "huanto", también para ver los sucesos venideros y encontrar tesoros. La fiesta de Huan también tiene que ver con esta bebida. En cacería se valían del "huanto" para aumentar la sensibilidad hasta el punto de percibir las huellas después de varios días de haber pasado el animal o la persona. Las indias «Mhuysqas» llevadas por los españoles les daban "tectec" otra bebida obtenida del borrachero (datura arbórea) para

---

[234] Uricoechea (1871):119 traduce la palabra tiji = peligro; quye= árbol en Acosta (1938):41y González 1987):193 para concluir que tijiqui significaba =árbol peligroso.

embriagarlos y huir de su acoso. [235] El árbol «Gaque» posible apóco «pe de gata, caliente y quye, árbol». Significaba: Árbol caliente. Crece entre 1800 y 3000 metros sobre el nivel del mar, en lugares donde hay mucha humedad lo vemos rodeando las grandes rocas con jeroglíficos o creciendo encima de ellas. Fue uno de los árboles más importantes para los «mhuyscas» por sus propiedades medicinales como astringente, purgante y para curar heridas. Con las hojas secas hacían moque especie de incienso, usado en sahumerios y rituales.

Recuperado de internet: https://colombia.inaturalist.org/taxa/154532-Clusia-multiflora: Gaque.

El «Nogal» era uno de los árboles sagrados de los «Mhuysqas» porque les trasmitía fuerza y seguridad contra los españoles que temerosos por las invocaciones de poder que hacían los indios alrededor del «Nogal», los mandaban a cortar. También porque sus hojas eran utilizadas como astringente depurativo de la sangre en los flujos vaginales y como antiescrofuloso para curar enfermedades del cuello ocasionada por adenopatías en los ganglios linfáticos y sus raíces para corregir afecciones hepáticas. Eran utilizadas las hojas, cáscaras y frutos como colorante negro, pardo oscuro o amarillo para teñir las mantas y el cabello.[236] En 2002 mediante acuerdo Distrital 069 fue declarado símbolo de Bogotá.

---

[235] Pérez de Barradas (1957):313,316 y 318 y De Zubiría Roberto (1986):135
[236] CAR: 142

Los «Mhuysqas» usaban la esencia de orquídea en bebidas para mantener el equilibrio de personas descontroladas e irritables.[237]

También conocieron la «Quina» para tratar las fiebres y las enfermedades del paludismo.

Recuperado de internet: El Nogal

Por los caminos que los conectaban con los llanos orientales obtenían las yerbas que potenciaban el espíritu; coca, yopo, yage, y aves de vistosas plumas: pericos, guacamayos, papagayos y loros, que también eran utilizados en rituales especiales.[238] En la preparación de los alimentos salaban la carne para su conservación y en guisos empleaban las guascas y otras yerbas como la ortiga, chie; masturzo, guaquy; verdulaga, chiguacá y rebanca (hierba lanosa de hojas amarillas) que se adicionaba a las sopas y mazamorras. Preparaban harinas de maíz, maní, frijoles, ahuyamas, achira, sagú, para hacer tortas, tamales de diferentes formas. Envueltos en grande o arropados en hojas de achira, vijao, riche o risgua atadas por un extremo; arepas blandas, doradas o tiesas como piedras; bollos o envueltos con masa de calabaza y harina de maíz o con choclo y masa de frijoles verdes.

---

[237]La orquídea en 1834 fue declarada "flor de la patria" y la orquídea Odontogllossum luteopurpureom es considerada Flor insignia de Bogotá Boletín de historia y antigüedades Número 280 de 1938.Pág. 65,66 y por Acuerdo 109 del 2003.
[238] LANGEBAEK, Carl Henrik. (1987)

Sopas, con jeta de venado con mazorca desgranada, fríjol, papa harinosa y yerbas. Aderezadas con salsas de tomate, ají y aguacate: Tenían las palabras apropiadas para distinguir las buenas comidas, "achuensuca" comida sazonada o "chungue", comida sabrosa.

Arreglaban una sopa llamada "Suque", especie de mazamorra con papas, yucas, batatas, ocumos (raíz comestible), mazorca de maíz tierno, aderezadas conjuntamente con diferentes carnes. Las servían combinadas con salsas de ají, aguacate, y otras yerbas picantes y aromáticas. Origen del sancocho, alimento identificador de nuestro mestizaje y sincretismo.[239]

Tenían un procedimiento muy peculiar para conservar algunos alimentos, como la papa, el maíz y la yuca, entre otros. Costumbre que aún se practica en algunas pueblos de «Cundiboyaca» y se lo conoce con el nombre de «hacer Jute o Fute» posible derivado de la palabra chibcha "afutynsuca" que significa podrirse las papas.

Los enterraban en huecos cubiertos con agua que circula en forma permanente. El tamaño y la profundidad del hueco dependen de la cantidad que se quiera preservar. Los cubren con un tejido de paja, junco o helecho. Al cabo de tres o cuatro meses se percatan si están blandos, entonces están listos para comer.[240]

---

[239] Rozo Gauta José. (1998):47

[240] Villate Santander German (1996) Los jutes una forma de conservación de alimentos que puede ser precolombina. Y, José Rozo (1998): 49, los presenta exquisitos servidos con miel agridulce, pero con un poco de olor fétido.

Gatahischa
Fuego y tierra

Con el desarrollo de la agricultura y la alimentación, se perfeccionó "Gatahischa"[241] el arte del fuego y la tierra, que consiste en amasar, moldear, cocinar, endurecer, y decorar objetos de arcilla y tierra por medio del calor a grandes temperaturas. La alfarería (palabra de origen árabe que significa: fabricación de objetos de barro), se empezó a trabajar entre los «Mhuysqas» del altiplano hace 2.275 años antes del presente. En la costa caribe, más exactamente en el Puerto Hormiga, a orillas del canal del Dique en el Departamento de Bolívar. El arqueólogo Gerardo Reichel Dolmatoff, encontró restos de cerámica con una antigüedad de 5.000 años A.P.[242]

Evidencia que nos demuestra la antigüedad de la cerámica, y la división del trabajo en tanto unos eran agricultores, otros dedicaban su tiempo a la fabricación de objetos de cerámica. Otros empleaban su tiempo en tareas que ya constituían una necesidad vital, como hacer prendas de vestir, objetos de cuero y cestería para transportar, comida, sal y frutos silvestres , actividades que continuaban siendo cotidianas y paralelas a las recientes innovaciones.

Tareas que no podían estar separadas de la intervención de la magia y las observaciones del comportamiento de la naturaleza y el cosmos con la sabiduría de los Chiquis que se dedicaron por completo a seguir los ciclos del tiempo en relación con las siembras y cono-

---

[241] Gatahischa, palabra formada por Gata = fuego e Hischa = tierra elemento. González de Pérez, María Stella. (1987) Diccionario y gramática chibcha: 264 y 326. Gata es el fuego de la tierra por oposición a Tchy, el hiperfuego o fuego cósmico. Escribano, Mariana (2005): 38

[242] Medina de Pacheco, Mercedes. (2006) Los Muiscas. Op. Cit. Pág.144

cer los poderes de los animales y las plantas, incluidos en su visión holística de la naturaleza. ¿Cómo surgió la cerámica? Son muchas las posibilidades que pudieron presentarse a los antiguos indios en este hallazgo. Un niño hace un muñeco de greda y lo pone a calentar en el fuego donde se calientan los alimentos. O, la costumbre de modelar en arcilla mujeres embarazadas para fertilizar la tierra, enterrando las figuras en los surcos donde sembraban las plantas del cultivo.[243]

Más tarde los adultos encontraban las figuras endurecidas entre las cenizas. Alguien del grupo se interesaba por el fenómeno y decide hacer una tosca vasija de greda y ponerla a cocer al fuego. Al día siguiente vuelve y se percata de su dureza. Después empiezan a fabricar toscos recipientes y descubren que entre más calor, más resistencia de los objetos de barro puestos a cocinar. En muchos ensayos y errores fueron perfeccionando el horno y empezó la producción de objetos de cerámica.

Recuperado de internet: https://artesanias.boyaca.gov.co/mucura/

---

[243] Reichel Dolmatoff, Gerardo. Citado por: Mercedes Medina de Pacheco (2006) Op.cit. Pág.145 y ver el trabajo de: Sáenz Samper, Juanita. (1993) Mujeres de barro: estudio de las figurinas cerámicas de Montelíbano.

Otra posibilidad, se encuentra en la hipótesis, que asegura que el procedimiento fue introducido por una cultura venida de «Eurasia» como se pretende demostrar a toda costa por investigadores contemporáneos. De todas formas, las muestras de cerámica halladas en Colombia indican una antigüedad de 5000 años antes del presente; siendo inalcanzable saber si fue inventada por nuestros aborígenes o fue aportada desde el exterior por grupos procedentes de «Eurasia».

El Mhuysqa conocía variedad de suelos apropiados para fabricar cerámicas como actualmente los conoce algunas tribus americanas[244]. Los Purepechas descendientes de los toltecas en México distinguen hasta 16 tipos de suelos.[245] En esta cultura cada tipo de suelo tiene su nombre y se usa para una cosa diferente: conocen suelos para distintos tipos de cultivo, suelo apropiado para alfarería, para medicina o para construcción de las casas. Los indígenas tienen una clasificación tan precisa que coincide en términos generales con la obtenida por los Edafólogos (ciencia que estudia las características físicas, químicas y biológicas de los suelos).

Los cronistas y recopiladores de la lengua chibcha no se ocuparon de estos conocimientos, dado que no eran agricultores ni alfareros ni les interesaba el tema. Fray Pedro Aguado, como ya se dijo, en el momento de escribir sus crónicas sobre los Mhuysqas, se deshizo del legado de Fray Antonio Medrano y suprimió de su historia todo el «libro V» relacionado con las costumbres religiosas, leyes, justicia, creencias, magia, medicinas, yerbas, astrología y geomancia.[246]Por la gran cantidad de cerámicas encontradas en las tumbas y cementerios

---

[244] En el diccionario del monje anónimo solo encontramos cinco palabras para referirse a la tierra. Tierra elemento o suelo se decía "Hischa" o Iegui. Tierra polvo, "Fusque."Tierra patria, "Quyca".Tierra caliente "Sutata" En : González de Pérez, María Stella.(1987) Diccionario y gramática chibcha: 326

[245] Toledo, Víctor Manuel. Hombre y naturaleza según la Etnobiología:649
[246]Fray Antonio Medrano, cronista que estuvo recopilado directamente de los mhuysqas sus costumbres, antes de ser sorprendido por la muerte, cuando viajaba con Don Gonzalo Jiménez de Quesada en la segunda expedición al Dorado. Fray pedro Aguado recibió el encargo de continuar la obra del cronista, de la cual suprimió los capítulos relacionados con la magia, religión y costumbres mhuysqas. En, Morón, Guillermo. (1957).Los cronistas y la historia. Universidad de Hamburgo. Publicado por el Ministerio de Educación de Venezuela. Caracas. Pág.37 a 42

indígenas en todo el territorio nacional y en particular en el área Mhuysqa, sabemos que eran unos excelentes alfareros. Tenían lugares dedicados exclusivamente a la producción de objetos de cerámica. Tales son Gachancipá, alfarería del zipa, Ráquira, aldea de las ollas, Gachalá, lugar de las gachas u ollas y Tinjacá. Esto no quiere decir que en otras poblaciones Mhuysqas no se hubieran fabricado cerámicas, como las encontradas en Choachi, pues en casi todas se hallaron similitudes en su forma y grabados. Lo difícil es determinar si fueron fabricadas in situ o si llegaron por intercambios comerciales entre las diferentes localidades.

En Choachí hemos encontrado múcuras, vasos ceremoniales y jarras, muy similares en su forma y dibujos, con otras provenientes de distintos lugares del territorio Mhuysqa. Es muy común el diseño denominado "animal encorvado" que también se lo encuentra en piezas textiles, objetos de oro, pictografías y jeroglíficos, que según todo parece indicar, fueron realizados por el Mhuysqa entre el año 900 y 1500 de nuestra era.[247]

En el caso de las múcuras, los vasos ceremoniales de doble serpiente y la jarra con rostro humano hallados en choachí, se repiten en igual forma en muchas cerámicas procedentes de varios lugares del territorio Mhuysqa   clasificadas en el Atlas arqueológico de Vicente Restrepo[248] en su obra sobre los Chibchas escrita en 1895.

La elaboración de múcuras, jarras, botellones, cuencos, copas, ollas y objetos votivos debió estar acompañada de rituales especiales como todas las actividades que ellos realizaban; esmerándose en concebir obras con diseños novedosos y utilizando múltiples formas cilíndricas, redondas, ovaladas, globulares, semiglobulares, sencillas o dobles y algunas primorosamente decoradas en su interior y casi todas en su parte exterior.

---

[247] Martínez Celis Diego y Álvaro Botiva Contreras (2002) Manual de arte rupestre de cundinamarca:41

[248] Restrepo, Vicente (1895) (1972) Los chibchas antes de la conquista española.

Recuperado de internet: https://artesaniasdecolombia.com.co/PortalAC/Noticia/ceramica-
amuche-tesoro-wayu_11426

En grandes vasijas llamadas "Gachas" realizaban el procesamien-
to de la sal, hirviendo el agua, hasta obtener por ebullición el rescoldo
de sal. Después la compactaban en panes hasta de tres arrobas.[249] En
gachas enterraban a sus muertos, guardaban, maíz, chicha, miel y
agua. Fabricaban un recipiente especial con tapa o un orificio en la
parte superior, con forma de figura humana o antropomorfa, que los
españoles llamaron Gazofilacios. Generalmente estaban en manos de
los sacerdotes o chamanes que los usaban para guardar las ofrendas
que los indios brindaban a sus dioses, esmeraldas, tunjos, aretes, alfileres, de oro con forma de animales, collares, brazaletes, y otros objetos de valor incalculable, no por lo que valiera, sino por lo que representaba para ellos, porque eran elaborados (como hemos sostenido-
con dedicación y esmero). De la misma manera elaboraron en cerámica: pintaderas de sello y rodillo, instrumentos de viento, flautas,

---

[249] Rozo gauta José. (1998) Pág.36

ocarinas, pitos con figuras de aves o antropomorfas; y, otros instrumentos usados exclusivamente en la textilería y orfebrería como los volantes para hilar en husos y crisoles para fundir metales. Diseñaron un pequeño «horno o huaira» hecho de arcilla con un alto contenido de carbón vegetal molido a fin de que fuera refractario, y producir grandes temperaturas para fundir oro.[250]

Recuperado de internet: https://clubescyt.concytec.gob.pe/shicra/horno/

---

[250] Medina de Pacheco Mercedes (2006) Op. Cit. Pág. 156

Boygosqua[251]

Hacer mantas

Los niños se fueron a donde más le gustaba ir, al lugar asignado a los tintoreros donde se mezclaban cuidadosamente colorantes vegetales, y colorantes obtenidos de insectos, arenas y rocas. Allí estaban arrimadas montones de mantas burdas de algodón blanco esperando su turno. Una bandada de «tijeretos» que pasó silbando y el viento sopló con fuerza inusitada en los hornos de las cocinas.

Distribuidas en hileras había grandes gachas repletas de tintas donde eran sumergidas las mantas para obtener el color deseado.-[252] Los niños entraron gritando. El tintorero simulando que no los veía los dejó llegar y cuando estaban muy cerca se levantó y mostrándoles una tinaja burbujeante, les dijo: «aquí hay sangre de venado mezclada con plantas de gamon y ceniza», (mientras iba extrayendo una a una mantas de color marrón café); en esta –señalando con sus manos rojas, hay zumo de hojas de chilca con bejuco y yemas de árbol de caraote, mostrando una manta de color verde claro; en tanto las iba sacando, las iba colgando en un gran bastidor de guadua; en esta, tenemos el color del cielo azul, extraído de flores de curubo y flores de yomas; ramas de uvilla, zumo de pepas de aguacate, añil de frutas maduras de jagua, frutas de siabuco y tierra azul de siachoque. Y ante la gran expectativa, prosiguió mostrándoles un cesto repleto de co-

---

[251] Boy= Manta y Zgasqua= hacer una cosa, producir, engendrar.

[252] Sobre los tejidos precolombinos y sus colorantes se pueden consultar las obras de: Cortes Moreno Emilia. (1990) Mantas Muiscas. Boletín N° 27 del Museo del oro. Bogotá abril-junio de 1990.Pág.61; Rojas de Perdomo Lucia. (1989).Manual de arqueología Colombiana. Carlos Valencia Editores. tercera edición. Pág.145.Triana, Miguel. (1972).La civilización Chibcha. Editorial carvajal. Cali. Pág.115.supra.

chinillas, fuente de color rojo ocre y, finalmente extrajo ante los ojos atónitos de los niños, una manta fluorescente de un tono fundido de amarillo, azul y rojo.

Recuperado de internet: https://www.scielo.cl/scielo.php?pid=S0718-10432021000100103&script=sci_arttext

En aquellas inmensas gachas había; añil para hacer mantas azules; azafrán para verlas de amarillo oro; con trompeto, para teñirlas de bermellón anaranjado; y bien alejadas, por el hedor que despedían estaban ubicadas en las postrimerías del lugar, otras vasijas repletas de barro podrido revuelto con zumo de hojas del árbol Raqué, para obtener mantas tan negras como la noche.

Al otro lado integrados en el proceso de los colorantes, pero separados por bastidores de guadua y carrizo, había montones de mantas arrumadas según el color; donde los artista «Mhuysqas» iban aplicando sobre las mantas, plantillas hechas con cuero de venado; cilindros de cerámica, cortezas de árboles, pequeñas y matrices de piedra. Por otra parte, imprimiendo hermosas figuras geométricas, con diseños mágicos relacionados con las fuerzas de la naturaleza, del poder de los animales y de sus dioses estilizados.

El Mhuysqa estaba convencido que fue «Bochica», el iniciado, hijo del sol, protector y apoyo «entre muchas cosas», les enseño el arte de hilar algodón, tejer mantas, darles color y adornarlas con figuras. Las enseñanzas de «Bochica», incluían el acuerdo antes que la guerra y otras disposiciones que se verán más adelante; el conocimiento de la astrología, el cambio de los climas en el cuidado de sus cultivos; a contar los días, las semanas y los años; y el origen de las enfermedades y como tratarlas. [253] Sin embargo, el algodón, materia prima indispensable para la elaboración de los tejidos, no se producía en el altiplano, lo mismo que el oro, lo que hace suponer que el arte de la «textilería» y la «orfebrería» fueron introducidos por migraciones extranjeras procedentes de Eurasia o fue un descubrimiento autóctono que introdujeron las tribus caribes.[254]

En favor de esta tesis, Miguel Triana, citando a Simón, recuerda la llegada de «Nemqueteba» (otro nombre de Bochica) entrando por el páramo de «Chingaza»[255], noche de tormentas, para venir a enseñar a los Mhuysqas: la moral, las ciencias y las artes.

«Este les enseño a hilar algodón y tejer mantas, porque antes de esto, solo se cubrían con planchas que hacían de algodón en rama, atadas con unas cordezuelas de fique unas con otras, todo mal aliñado, y aún como a gente ruda, cuando salía de un pueblo, les dejaba los telares pintados en alguna piedra lisa o bruñida, como hoy se ven en algunas partes».[256]

El mismo autor afirma que los chibchas de la sabana obtenían el algodón en las tierras calientes, por el oriente en «Cáqueza» y por el sur en «Fusagasuga». Una vez obtenido el algodón son varios los procedimientos seguidos antes de obtener los hilos[257]. Primero se procede a separar con las manos el algodón de la semilla que lo envuelve. Luego se disponen las fibras de modo que formen un pequeño cojín rectangular, seguidamente se golpea con un palo para que las fibras individuales queden bien separadas y fáciles de hilar. Para obtener los hilos se emplea un "Huso" que consiste en una varilla de

---

[253] Mariana Escribano (2000): 101. Afirma: "El pueblo chibcha gravitaba alrededor de Bochica tan ciertamente como que la tierra gira alrededor del sol."

[254] Schombinger Juan (1973) Prehistoria de Suramérica:264

[255] Chingaza, apócope de ychingosqua, bramar, brava cosa y za= noche; significando noche de tormentas. En el páramo de chingaza son muy frecuentes las tormentas eléctricas que se pueden divisar por el oriente, desde Choachí y las poblaciones vecinas.

[256] Fray pedro Simón citado por :Triana Miguel (1951) La civilización chibcha:130

[257] La descripción que sigue fue tomada de Cardale de Schrimpff. El arte del tejido en el país de Guane.

madera dura, de palma, con un volante o disco también llamado "tortero" por su forma redonda, que puede ser fabricado de distintos materiales, madera, hueso, cerámica, que se coloca en su parte inferior con la función de obtener el peso necesario para que el huso gire. Estas piezas redondas se encuentran en todas las culturas indígenas de América que conocieron y aun conocen el tejido en algodón.

Recuperado de internet: https://www.minube.com/rincon/monruta-caqueza

Una vez formada la masa de algodón, se hace pasar por uno de los brazos, mientras las manos van sacando el algodón y estirándolo hasta formar un hilo, todavía sin torcer; mientras el otro extremo del hilo está fijado al huso que se hace girar como un trompo para torcerlo enrollándolo sobre la varilla y repitiendo el proceso.

Se desconoce la técnica que utilizaban los Mhuysqas para elaborar sus tejidos. Solamente nos quedan evidencias en algunas representaciones en oro en donde se los observa tejiendo en telares verticales, muy similares a los que utilizan los indígenas de las tribus actuales.

«Es posible que estos fueran de cintura o similares a aquellos utilizados hoy en día por varios núcleos indígenas del país y que consisten en un simple marco vertical formado por cuatro varas insertadas en ángulo recto que soportan dos travesaños horizontales entre los que se tienden los hilos de la urdimbre. Estos separados generalmente por medio de un hilo fuerte que pasa por entre las hebras pares e impares, aislándolos con bucles de igual tamaño, reunidos y amarrados a una vara delgada que en esta forma viene a desempeñar las funciones del lizo».[258]

Recuperado de internet: https://twitter.com/andosc1/status/1225365109893214213

---

[258] Medina de Pacheco Mercedes (2006): 212, citando a Pablo Solano .Artesanías Boyacenses.

Liborio Zerda[259] ha hecho la mejor descripción del telar Mhuysqa llamado "Quayty": "Dos gruesos palos redondos colocados horizontal y paralelamente uno arriba y otro abajo sobre dos estacas enterradas verticalmente sobre el suelo constituyen el marco del telar. Sobre los rodillos o maderos horizontales se envuelve el hilo, sujetando cada vuelta sobre una varilla cuyo largo es del ancho del telar.

Los hilos verticales juntos y paralelos se entrecruzan formando los planos que pasan a ser alternativamente uno anterior y otro posterior, a favor de otra varilla y de un hilo que va sujetando cada hebra del plano posterior. Esta disposición constituye la urdimbre.

Cuando el plano formado por la serie posterior de hilos pasa adelante, por un esfuerzo de tracción que se ejecuta sobre la varilla que los sujeta y que se llama lizo, el anterior queda en su puesto, y por el espacio que dejan los dos planos pasa la trama, haciendo descender luego sobre ella para sujetarla el cruzamiento de los hilos por medio de la macana que es una regla ancha de bordes tallados en bisel y redondeados, hecha de madera de palma de macana. Operación que se continua alternativa y sucesivamente".

El arte de los tejidos Mhuysqas y sus decoraciones eran de una belleza incomparable, sobre todo por la finura de los tejidos y las figuras geométricas que los adornaban, como se ha podido comprobar en las mantas halladas en sepulturas y conservadas en el Museo Nacional.

Oviedo[260] vio una manta de más de seis o siete varas de largo y de ancho la mitad, con muchas pinturas entretejidas y en ellas muchas piedras cornelinas, esmeraldas, calidonias, jaspes y otras. "Boygosqua", hacer mantas, era una de las actividades principales, aprendida desde la primera infancia por hombres y mujeres, como "fapqua gosqua", hacer chicha y a un nivel espiritual, "chunsua gosqua", hacer ofrendas. Las mantas tenían una importancia extraordinaria dice Miguel Triana siguiendo a Fray Pedro Simón[261]. Todos los acontecimientos de la vida los festejaban con regalos de mantas: en la consa-

---

[259] Zerda Liborio (1882) (1972) El Dorado. Tomo I: 179
[260] Fernández de Oviedo Gonzalo. Historia general y natural de las indias. Citado por :Josefina Oliva de Coll (1980):186
[261] Triana Miguel (1951): 133,134

gración de los sacerdotes, en los matrimonios, en los ritos de iniciación, en pago de las ceremonias con ofrendas que hacían los chamanes conocidos con el nombre de "Chyquy" (sacerdotes).

En la posesión de los caciques. En las procesiones sagradas, el suelo se cubría con mantas. En las competencias y carreras se premiaban a los mejores con mantas. Los honorarios por servicios recibidos se pagaban con mantas. En una palabra las mantas eran el medio principal de trueque, retribución y regalo.

Las mantas servían para todo los menesteres del hogar. Eran cobijas, cortinas, tapetes, puertas, manteles, y fundamentalmente vestidos. Los hombres usaban dos mantas, una para cubrirse de la cintura hacia abajo y otra sobre los hombros, unida las puntas sobre el extremo izquierdo semejante a una capa o manto y sostenidas en la punta con un nudo o alfiler.

Recuperado de internet: https://etniasdelmundo.com/c-colombia/chibcha/

Las mujeres usaban una manta cuadrada que llamaban "chircate", ceñida a la cintura por una faja, que en su idioma llaman "Chumbe" y sobre los hombros otra manta pequeña denominada "Líquira".

Prendida en los pechos con un alfiler de oro o plata que tiene la cabeza como un cascabel llamado "topo."[262]

Recuperado de internet: https://cartelurbano.com/historias/vida-jovenes-indigenas-muiscas-en-pleno-suba-bogota

Tejían diferentes clases de mantas según la condición social. Las que usaban los caciques, ubsaques (jefes militares), zibyntybas (capitanes) Utas (capitanes menores), Chyquy (sacerdotes o chamanes), eran primorosamente confeccionadas con estilizados dibujos geométricos que simbolizaban las fuerzas de la naturaleza y los poderes de los animales. Conocidas posteriormente con el nombre de Mantas "de la marca"[263] utilizadas por personas de alto rango, eran cuadradas y medían hasta dos varas y sesma. Bien tejidas con algodón hilado muy fino, podían ser pintadas, blancas, coloradas y negras para ser usadas solamente por los sacerdotes. Y las mantas "Chingamanales" elaboradas con una fibra de algodón grueso pero de buena calidad usada por los indios tributarios.

---

[262] Zerda Liborio (1882) (1972) El Dorado. Tomo I: 177. Siguiendo al cronista Lucas Fernández de Piedrahita.

[263] Cortés Moreno Emilia (1990) : 61

Zfapqua Gosqua
Hacer chicha

Chicha, se decía "fapqua" y hacer chicha "zfapquagosqua." De "Zgasqua", hacer una cosa, producir, engendrar. La palabra "Chicha"; en realidad significaba: vida, alegría, ventura, felicidad; por esto bienaventuranza se pronunciaba "chichacho" de "chicha" con los anteriores significados y "Cho" bueno. [264] Pero esta bebida también estaba asociada con la palabra "Chihicha", tiempo de morir, porque la forma de pensar de los Mhuysqas era dual o dialéctica: donde hay vida, hay muerte; el día no existe sin la noche; tampoco arriba sin abajo; blanco sin negro; y en las emociones se puede cambiar del estado alegre al de la tristeza, del amor al odio y viceversa. Todo era mutable y estaba en permanente cambio.

En una interesante tesis sobre la chicha, María Clara Llano Restrepo y Marcela Campuzano Cifuentes, describen lo que vieron los cronistas en las fiestas del Mhuysqa. Fray Pedro Simón no oculta su impresión en la Fiesta de Huan, describiendo a "los indios cantando en su lengua como todos ellos eran mortales y se habían de convertir sus cuerpos en cenizas sin saber el fin que iban a tener sus almas. Decían esto con palabras tan sentidas que hacían mover a lágrimas y llantos a los oyentes con la memoria de la muerte."[265]

---

[264] González de Pérez, María Stella. (1987) Diccionario y gramática chibcha: 225,199; Uricoechea Ezequiel. (1871) Gramática, vocabulario, catecismo i confesionario de la lengua chibcha; y, en: Acosta Ortegón, Joaquín. (1938) El idioma chibcha aborigen de cundinamarca: 48,50.

[265] Fray Pedro Simón citado en: Llano Restrepo María Clara y Marcela Campuzano Cifuentes. (1994) La chicha una bebida fermentada a través de la historia 26.

Recuperado de internet: https://m.facebook.com/ViajerosPeruHuaral

De acuerdo con el sistema de creencias Mhuysqa, los indios sentían que sus almas se iban en un largo viaje sin tiempo por las regiones del mundo invisible donde todo está hecho. Sin embargo había que llevar comida y demás utensilios por que durante el trayecto sentían hambre y sed. La muerte era un viaje al inframundo. Era como todos los ritos de paso, un movimiento de un estado a otro. La chicha era la bebida que los ayudaba a pasar a la muerte, después de acompañarlos durante toda la vida. En efecto, en algunos rituales, muchos aprendían a morir o se morían por excesos en la bebida.

La Eutanasia Chibcha era una costumbre arraigada entre los indios de América. Gonzalo Fernández de Oviedo[266], la encontró entre los Cuna Cueva en Centro América y sus vecinos como una práctica consuetudinaria. Simplemente decían: "Morirme quiero" y dejaban de comer y beber hasta que poco a poco con la voluntad firme en su decisión, morían sin dolor, sin remordimientos, sin pesares, ni odios, ni iras, ni lástimas.

Entre el Mhuysqa del altiplano había palabras y frases en su idioma que delataban esta costumbre. "Morirme quiero" se decía: "Ichihichaz"; "Tiempo de morir" se decía "Chihycha"; "Ya es tiempo

---

[266] Citado por D´olwer Luís Nicolau (1963): 392

de mi muerte", se decía: "Ie Ichihycha." [267] Manuel Ancizar[268] observo suicidios colectivos en el peñón de Tausa, en las cuevas de Vélez y en el peñón de los Tunebos e igualmente tenían la costumbre de celebrar "la muerte en vida" en una ceremonia especial donde se bebía mucha chicha, como la realizada por el cacique de Ubaque estando de encomendero Juan de Céspedes. La ceremonia incluía procesiones con representaciones teatrales, grupos vestidos con pieles de animales y portando máscaras con distintos motivos, con música de flautas, pitos, campanas, fotutos, maracas y tambores. Ofrecían oro y esmeraldas a los dioses, con ingesta de alucinógenos y un personaje vestido de blanco vaticinaba el comportamiento del futuro. El motivo de la ceremonia era llorar la muerte del Ubaque, haciéndole obsequios y honras en vida, porque después de muerto solo se tomarían el trabajo de enterrarlo.[269]

"Así, al final de esta ceremonia el cacique tenía que convidar a mucha chicha para que se olvidaran los indios de tanta tristeza. Aquí aparece entonces la conexión con la bienaventuranza. Podemos pensar en el paso del estado de la muerte al de la bienaventuranza "chichacho" ayudados por el licor de la "chicha" con sus efectos eufóricos."[270]

Resumiendo a Fernández de Oviedo en la forma de preparar chicha, tenemos que hacer lo siguiente:

1.- Ponen el maíz en remojo durante varios días.

2.-Cocinarlo con buena agua hasta que se asiente el grano.

3. Lo dejamos así y después de varios días ya podemos beber cuando esté bueno y claro, porque está de todo punto asentado y el cuarto día mucho mejor y la color es como la del vino cocido blanco de España y es gentil brebaje. El quinto día se comienza a acedar y el el séptimo es vinagre y no para beberse, porque no lo dejan a ese

---

[267] Palabras que se pueden confirmar en: González de Pérez, María Stella.(1987) Diccionario y gramática chibcha; Uricoechea Ezequiel.(1871) Gramática, vocabulario, catecismo i confesionario de la lengua chibcha; y, en :Acosta Ortegón, Joaquín.(1938) El idioma chibcha aborigen de cundinamarca:

[268] Ancizar Manuel (1984)31,32, 103,104 y 235 Y Juan C. Hernández. El Peñón de los muertos entre Guican y El Cocuy. En Nieto Caballero (1984): 81

[269] Correa Rubio Francois (2004): 105,106

[270] Llano Restrepo María Clara y Marcela Campuzano Cifuentes. (1994): 27

término y de esta causa siempre hacen la cantidad que les parece, porque no se pierda ni dañe; y así, antes que aquello no esté para beber, tienen otro que se va haciendo de la manera que he dicho. [271]

Según las autoras María Clara Llano Restrepo y Marcela Campuzano Cifuentes.[272], en este procedimiento falta moler el maíz, colar el afrecho y hacer la masa pues en el vocabulario Mhuysqa se encuentran palabras que delatan este procedimiento como se puede verificar en la descripción que hace Joaquín Acosta Ortegón: Dice: En esta preparación se invierten unos doce días y se hace de la siguiente manera: "se desgrana el maíz duro de la mazorca y se muele sobre una piedra de moler (hyca brohosuca). Se remoja con agua y se deposita en una olla de barro (zoia) durante diez o doce días, meneando la masa de vez en cuando con la "ana" (palo especial para la chicha según narra Simón) y remojándolo para ablandar la masa (bchoscua). Se saca de la olla y se envuelve en hojas de alpayaca y se pone a cocinar en leña. A los tres días se saca de la múcura se deja enfriar y se vuelve a moler, después se soba y se deja en una "gacha" (olla más grande) con agua para que se fermente. Después de que hierva la masa, se le agrega bastante agua para colarla en el "Fi" (coladero de colar chicha) varias veces, moliendo los residuos y volviéndolos a colar hasta que la masa quede bien lisa. A esta masa se le pone agua y se deja en la Gacha durante dos días fermentándose para luego ser consumida."[273]

Otra forma de preparar la chicha la describe Liborio Zerda[274]: consiste, en remojar el maíz hasta germinar como se hace en Europa con la cebada para obtener la cerveza. Después lo secan y tuestan al fuego en un tiesto de cerámica. Una vez tostado se muele hasta reducirlo a harina. Después se disuelve la cantidad necesaria en una vasija con agua caliente y se deja fermentar.

En los primeros procedimientos entendimos que con la germinación del grano y la adición de agua caliente, el almidón de maíz se convierte en azúcar, que por la fermentación produce alcohol.

---

271 Ibíd. Pág.24
272 Ibíd. Pág.25
273 Ibíd. Pág.24
274 Zerda Liborio (1882) (1972) El Dorado. Tomo I :168

Recuperado de internet: https://www.youtube.com/watch?v=wo-qbPFShtY

En este punto, la chicha no es nociva, por el contrario, el Dr. Zerda opinaba: "que es una bebida alimenticia en un grado superior a cualquier otra de las conocidas, dado que contiene principios termógenos o caloríficos (almidón, azúcar, grasa en forma natural) materia albuminoidea y ácido láctico que facilita la digestión cuando se toma moderadamente. Pero todas estas cualidades quedan anuladas con el principio tóxico que fermentaciones innecesarias desarrollan en ellas."[275]

Antes de la llegada de los españoles La chicha era para el Mhuysqa su bebida cotidiana, los acompañaba en el trabajo, en sus comidas, en las fiestas, en los entierros y en el hogar, siempre había una "Gacha" repleta con chicha para el consumo diario.

Solamente en celebraciones muy especiales, se adicionaba con otras sustancias para producir efectos alucinógenos, tendientes a superar situaciones difíciles, algunas enfermedades, soportar la muerte, viajar en el pasado según sus creencias, o visitar el futuro.

La conquista desarticulo el equilibrio que había en las costumbres de los indios en relación con esta importante bebida utilizada como alimento, refresco y bebida ceremonial. Con la tradición española de emborracharse en las tabernas, la chicha mezclada con otros licores empezó a generar problemas, debido a que en los días de fiesta, los indígenas y mestizos se encerraban en estas tabernas a emborracharse en medio de confusiones emocionales manifestadas con agresividad y violencia.

---

[275] Ibíd. Pág.116

Entonces La Real Audiencia expidió un bando contra los expendios de chicha llamadas "pulperías" : uno de estos bandos le echaba la culpa a la chicha por "ser causa de peligrosos y repentinos accidentes corporales, de graves y torpes pecados, de olvidar la obligación de ir a misa para los indios, y de faltar a la explicación de la doctrina cristiana, de que viven tan ignorantes que se hallan incapaces de recibir los santos sacramentos de confesión y comunión, originándose también las riñas y pendencias, que privados de la razón mueven entre sí".[276]

Durante los siguientes siglos hasta principios del XX, no fue posible erradicar la costumbre del consumo de chicha en los sectores populares de ascendencia indígena, hasta que el empresario Alemán Leo S. Koop, introdujo la cerveza Bavaria, utilizando una estrategia de venta muy original: regalaba cerveza a los trabajadores de la fábrica en su mayoría consumidores de chicha y hacía descuentos y ventas al por mayor de cerveza, por debajo de los precios de la chicha.[277]

Finalmente, la propaganda y los medios de comunicación al servicio de la gran industria consiguieron desprestigiar la chicha hasta convertirla en "veneno amarillo", Hasta culminar con la expedición de la ley 34 de 1948 que prohibió «definitivamente», la producción y venta de chicha en el territorio nacional.

---

[276] Restrepo María Clara y Marcela Campuzano Cifuentes. (1994): Pág.50
[277] Ibíd.pág.109

Aquynsuca[278]

Pasar un suceso, ceremonia, ritual

Era costumbre entre las mujeres chibchas engendrar a sus hijos en las orillas de los ríos y quebradas, responsabilidad asumida por la madre sin ninguna ayuda de los miembros de la familia o del clan.

Costumbre imbuida de naturaleza que aterró al cronista Fray Pedro Simón quien escribió: "Las hembras destos animales (refiriéndose a los indios) cuando paren procuran no las vea nadie…se salen a parir a orillas de los ríos y quebradas donde nadie las vea…porque dicen se afrenta las vea alguien parir. Son tan diestras en este oficio que no tienen necesidad de parteras que las ayuden y en acabando de parir se entran en el agua a lavarse ellas y sus criaturas."[279]

El Mhuysqa era devoto de «Sia la diosa del agua» que los cronistas no supieron comprender, en todos sus rituales estaba presente el agua, relacionados con las etapas de la vida, desde el nacimiento hasta la muerte, denominados "ritos de paso" que se refieren "al paso de un estado vital a otro y su reconocimiento en una ceremonia por parte de la comunidad. Celebraban la suerte del recién nacido, el destete del bebé (paso a la niñez), la menstruación de las mujeres (paso a la vida sexual), el matrimonio (paso a una vida de pareja y reproducción) y la muerte (paso a otra vida)."[280]

---

[278] "Aquynsuca" significa: pasar un acontecer, suceso o producirse un hecho. Se propone para indicar algunas ceremonias y rituales que tenían los mhuysqas. González de Pérez (1987):291

[279] Fray Pedro Simón. (1637). Noticias historiales de las conquistas de tierra firme en las indias occidentales. Tomo I. Pág.39. Publicado en Cuenca, por Domingo de la Iglesia en el año de 1637. Consultado el manuscrito original que reposa en la Biblioteca Nacional de Colombia.

[280] Restrepo María Clara y Marcela Campuzano Cifuentes. (1994): 28

El parecido en algunos casos con la cultura Española hizo ver al cronista Fray Pedro Simón la costumbre de "la suerte del recién nacido", como el bautismo, cuando dice: "Usaban de esta superstición para conocer si los niños habían de ser venturosos o desgraciados, que cuando los destetaban hacían un rodillo pequeño de esparto con un poco de algodón en medio, mojado con leche de la madre y yendo con el seis mozos buenos nadadores lo echaban en un río y tras él los mozos nadando y si el rodillo se volvía entre el oleaje del agua antes que lo alcanzasen a tomar, decían había de ser desgraciado el niño por quien se hacía aquello, pero si lo recogían sin trastornarse, juzgaban había de tener mucha ventura y así contentos se volvían a casa de los padres y diciendo lo que había pasado se hacían fiestas según el suceso [281]; llegaba después cada uno de los mozos y otros que tenían convidados y quitaban con unos cuchillos de caña o piedra al niño que estaba sentado en una manta, un mechón de cabellos hasta que lo dejaban sin ninguno, estos echaban después al río, donde lavaban al niño que era en cierto modo el bautismo, ofrecían al niño algunos dones después de estar bien remojados en chicha, con que se concluía la fiesta."[282] Rozo Gauta[283] considera que en esta ceremonia el niño adquiere existencia social en la comunidad y es reconocido por todos los miembros de la familia con el nombre sugerido por los sucesos del presente, agregando los acontecimientos cósmicos que rodeaban el instante del nacimiento.

En la práctica de la adivinación de la suerte del recién nacido, el «profesor Rozo», interpreta el rodillo como el mundo. Y, el algodón donde se envuelve, simboliza el futuro del niño en el caos de las aguas primigenias para entrever su destino. El pelo cortado se ofrecía a la diosa del agua y el baño en el río significaba la purificación. Los regalos, son el primer reconocimiento social por parte del grupo y la celebración con chicha, la iniciación a la vida social con todas sus alegrías y tristezas.

---

[281] Se propone la frase mhuysqa "Zajanasucamsa" para celebrar la fiesta o danza del recién nacido. Proviene de: Zajana suca= danza, y "bzahanasuca", pisar. González (1987): 226; Uricoechea (1871): 171; Acosta Ortegón (1938): 51 y, Amsa = Nacido. González(1987) : 282

[282] Simón Pedro (1625) (1953): 269

[283] Citado en: Restrepo María Clara y Marcela Campuzano Cifuentes. (1994): 29

La Daipepe era una ceremonia especial que tenía relación con la llegada de la primera menstruación de las mujeres. Ceremonia que incluía un tiempo de meditación, tapadas con una manta, que demoraba entre seis a ocho días «tiempo aproximado entre cada cambio de fase lunar» para que ingresara la niña virgen en el ritmo de vida de la diosa Chia. En cuanto se cumplía el tiempo, se trasladaba a la virgen niña , llamada "cha amucanza" que significaba : "mujer que no conoce varón".[284] Rodeada de una destacada procesión conformada por dos hileras de indios e indias, cantando hasta el río, donde en una ceremonia suntuosa, se bañaba y se le daba el nombre de "Daipepe", doncella que puede tener hijos.

El paso a la adolescencia de los jóvenes se celebraba con carreras por los cerros y recibían mantas en premio, a otros se les daba una educación especial, en Cuca Chia, la casa santa de la diosa luna.

Gue chunsua Gosqua[285]. (Hacer casa santa). Era un acontecimiento social y un motivo más de celebración. Juan de Castellanos lo refiere así:

"Y aún hasta cuando traen arrastrando

algunos ponderosos materiales

para sus edificios o los nuestros.

Con bailes o con cantos van tirando

A una con la voz pies y manos

Medidos al vaivén y voz que guía,

Como cuando caloman marineros.

Van muy empenachados y compuestos con

Grandes medias-lunas en la frente

Cuyos cuernos responden a lo alto,

Que de buen oro tienen apariencia;

Y en seguimiento suyo van mujeres

Con cantidad de múcuras de vino

Que llevan donde quiera que se mueven".[286]

---

[284] Cha amucanza = mujer que no conoce varón. Uricoechea (1871): 199

[285] Gue chunsua Gosqua, proviene de las palabras: Gue= casa; Chunsua= santuario y Zgasqua= hacer una cosa.

[286] Castellanos Juan (1601)(1997):1160 y Citado por Rozo Gauta José (1997) : 47

En estas celebraciones los indios invocaban a Chibchacun dios de la fuerza y a Fu, dios de los alegres trabajadores, para hacer del encargo una fiesta. Venían los indios en grupos entonando cantos de poder. Los coros rítmicamente acompasados, unos con flautas y tambores, otros con la fuerza desplegada de sus brazos, con sonajeros y semillas al viento, mecían sus pesados troncos, de árboles mágicos, destinados a ser las columnas de sus bohíos o templos dedicados al Sol y la luna.

En esta actividad el cronista Simón[287] observa el sacrificio de niñas debajo de los postes, hecho que no es posible comprobar en la versión de los otros cronistas, a modo de práctica arraigada en la cultura Mhuysqa. Es posible que haya sido una costumbre ya desaparecida a la llegada de los españoles; pero, alentada por Fray Pedro Simón, empeñado en desprestigiar y aumentar el rechazo contra las costumbres y tradiciones indígenas.

En muchas contradicciones incurre el cronista Simón como decir que las niñas sacrificadas eran hijas de los jefes y gobernantes principales, siendo que entre el Mhuysqa, los cargos más importantes se heredaban siguiendo el vientre de la mujer; es decir, por vía matrilineal, entonces era difícil que los dirigentes Mhuysqas sacrificaran a sus hijas mujeres que les garantizaban la sucesión en el poder.

El profesor Francois Correa trae una cita de Asensio, donde destaca la importancia de la mujer para conservar el linaje del poder, aun cuando se transgrediese las penas y castigos impuestos a los incestuosos y adúlteros, dice así: "y de esta pena era libre el sobrino del cacique, por cuanto era obligado a casarse con la hija del cacique, su tío así le daban el derecho al cacicazgo y para no quedar desamparada la hija del cacique y conservar el linaje."[288]

Los cargos de Zipa, Cacique, Ubsaque, Chyquy, tyba, uta, etc. los heredaba el sobrino hijo de hermana.

---

[287] Simón Pedro. (1625) (1953) Noticias historiales. Tomo II: 260. Es el único cronista que relata esta costumbre según nos consta y la de Pérez de Barradas (1950). Tomo I. Ritos para la construcción de las casas. Pág.414.

[288] Asensio Fray Esteban (1550-1585) Memorial de la fundación de la provincia de Santafe del Nuevo reino de Granada del Orden de San Francisco. Citado Por Francois Correa Rubio (2004) El Sol del Poder: 194

La hermana mayor del cacique era considerada la "saguacha"[289], que significaba: "mujer principal" y el matrimonio articulaba las localidades distantes distribuidas en el territorio, como tendremos la oportunidad de comprobar en la versión de Juan de Castellanos, refiriendo el suceso destacado del Cacique Ubaque otorgando dos de sus hijas al zipa y a su hermano para detener la guerra y fortalecer la alianza.

En su extensa y profunda obra. «El Sol del Poder», el profesor Francois Correa, admite la posibilidad de los sacrificios, pero ofreciéndonos abundantes argumentos que contradicen esta costumbre, o al menos desde la llegada de los españoles.

Al respecto afirma:

La sucesión (transmisión del cargo) aparece como procedimiento social expedito para mantener el control de acceso al poder en manos de ciertos segmentos de la sociedad con exclusión de los comuneros. Aunque en principio derivaba del orden de filiación, la alianza matrimonial entre sus miembros extendía una selectiva red de relaciones políticas que articulaba a las jefaturas de distintas unidades locales".[290] Es decir la alianza matrimonial entre miembros principales de ambos sexos, era el suceso expedito que afianzaba los clanes entre si y por supuesto, aglutinaba el poder en torno al clan del Zipa.

Otro suceso era el sacrificio del "Guecha" o "Guesa" cada quince años, en donde: "Guesa" el errante, proviene de las palabras "gue", casa y "za", noche. Significaba: hombre de la noche, el errante, sin casa. Agregándole el vocablo "quihica", puerta o boca; significaba: puerta o boca de la casa oscura."Quihica Guesa" era una joven moxa que a los quince años se sacrificaba. Porque era la boca de la nación Mhuysqa, el mensajero ante la luna sorda, que no escuchaba las plegarias, peticiones y deseos del pueblo. Era la puerta por donde penetraba a la noche oscura de la luna negra "Muhica", por donde solo podía entrar el joven Guesa, por su divina inocencia, por la hermosura de sus formas, por la pureza de su pensamiento, de sus ademanes,

---

[289] Según Correa Francois (2004) Op. Cit. Pág.242 .El sufijo "guacha" comparte la denominación que distinguía al sucesor y destacamos la similitud con "guecha" el guerrero que también puede llegar a ocupar el cargo de cacique.

[290]Sobre el tema el profesor Francois Correa Rubio (2004) El Sol del Poder: 236; investigó a fondo las relaciones de parentesco y la matrilinealidad entre los muiscas.

de su rostro y de su mirada.[291] Las viviendas incluidas, las casas templos, eran bohíos de plantas circulares siguiendo el modelo del sol y la luna. Dependiendo del tamaño se colocaban las vigas que podían ser de troncos de árboles o de "palma Boba". Sobre el techo se levantaba una armazón cónica de palos unidos en el centro al palo mayor recubierto con paja. Las paredes se aparejaban con cañas y tallos de gramíneas amarrados con fique y empañetados con una clase especial de barro. El bohío tenía dos puertas orientadas una por donde nace el sol y la otra por su poniente y ventanas para que circulara el aire. Alrededor de la casa conocida con el nombre de "Gue" se levantaba un pequeño cercado para proteger el espacio de la entrada de insectos y animales.

Recuperado de internet: https://www.radionacional.co/cultura/cultura-muisca-arquitectura-que-evoca-al-templo-del-sol

Las construcciones Mhuysqas nunca fueron de piedra u otros materiales que no provinieran de la vegetación; puesto que no pensaban en la eternidad del tiempo sino en ciclos temporales, por esto y debido a sus desplazamientos, eran fácilmente reemplazadas y sus deshechos rápidamente reincorporados al ciclo natural.

El conjunto de templos y bohíos del cacique, para albergar las familias, servidumbres, artesanos, «guechas y tijuyes», estaban rodeados por una fuerte empalizada de troncos en forma de caracol, cono-

---

[291] Duquesne de la Madrid. José domingo (1795):223 Sacrificio de los Moscas.

cida por los chibchas con la palabra "Ca" o "Qa" que designaba a la tierra, fue interpretada y traducida por los españoles como "cercado."

La descripción del cercado del Zipa que realizo el cronista Lucas Fernández de Piedrahita[292] resalta el arte consagrado en las casas del Zipa llamadas "thythuas": Eran grandes y redondas-dice- que rematan en forma piramidal, las paredes estaban soportadas con maderos gruesos encañados por las partes de fuera y dentro y algamazados con mezcla que hacían de barro y paja. Tenían pequeñas las puertas y las ventanas y dividían su interior en forma de caracol. Alrededor construían la cerca que servía de muralla o fortaleza para asegurar el palacio que tenía doce puertas grandes y postigos por donde entraban la servidumbre, guardas y reyes. Siguiendo este ejemplo, eran los cercados de los otros caciques y gente particular según las posibilidades de cada uno. Dentro de su cercado el Bogotá tenía doscientas "thyguyes" que son mujeres o mancebas sin las demás criadas que los asistían.

El profesor «Rozo Gauta» deduce de la simbología del caracol en los aposentos de zipa: "una prueba de que los muiscas vinieron del norte y que durante mucho tiempo deambularon por las costas del caribe donde el caracol se fue convirtiendo en un símbolo de la vida, de la sexualidad y de la fertilidad. De ahí que, existió un "camino de los caracoles", no investigado aún, que partiendo de la Sierra Nevada de Santa Marta, pasaba por el Cesar, Norte de Santander y se internaba a las tierras «Laches y Muiscas», lo que significó intercambios materiales, simbólicos e ideológicos entre los Tayronas y los Muiscas.[293]

---

[292] Citado por Rozo Gauta José (1997): 39
[293] Ibíd. Pág. 40

Recordemos que la forma del caracol también puede representar una espiral, símbolo de la evolución del universo, relación entre la unidad y la multiplicidad, rueda de las transformaciones, centro místico, motor inmóvil e interior del Cosmos.[294]

El cercado "Ca" del zipa o del cacique era por antonomasia el lugar más importante, símbolo del mundo, microcosmos central sostenido por chibchacun, espacio de encuentro y energía, "lugar donde se desarrollaban algunas ceremonias al sol y la luna o desde allí partían para realizar ritos de conmemoración del mundo, ritos para reforzar las fuerzas cósmicas o telúricas y ritos para desenojar o agradecer al sol en determinados sucesos."[295]

El pueblo Mhuysqa era lúdico por naturaleza. Toda su vida estaba acompañada de rituales e igualmente en sus trabajos. En las celebraciones principales mantenían abundante chicha para conseguir que su espíritu se mantuviera en ese estado de euforia y felicidad que provoca la bebida. Pero lo más importante para ellos era practicar la danza y la música, aspecto esencial de su vida como las demás artes y actividades cotidianas a las que se dedicaban con esmero y pasión.

Fray Alonso Medrano S.J[296], uno de los primeros cronistas que hicieron contacto con el Mhuysqa de la sabana de Bogotá, describiendo las costumbres de los sacerdotes chibchas, enfatiza que estos no tienen sacrificios de sangre humana y el padre Gonzalo de López según una carta del padre Gonzalo de Lira en 1611, encontró en Usaquen a dos mujeres desempeñándose como sacerdotisas a falta de sacerdotes

---

[294] Cirlot, Juan Eduardo (1958) (2002) Diccionario de Símbolos.
[295] Rozo Gauta José (1997): 35.
[296] Citado por Francois Correa (2004): 130

varones en oficio[297]. Es evidente que existen contradicciones en las versiones de los cronistas. El Obispo Lucas Fernández de Piedrahita[298] no vio sacrificios ni sangre en las celebraciones Mhuysqas sino música, alegría y jolgorio. Explicaba que antes de la celebración se lavaban el cuerpo para comunicarse y congraciarse con sus dioses. Se dividían en grupos con diferentes trajes y disfraces representando animales y divinidades, haciendo gala de vistosos atuendos y luciendo gran cantidad de joyas. Iniciando la procesión iban los sacerdotes ricamente adornados. Seguía una comparsa de gente pintada la piel y con máscaras que mostraban llanto y cantaban suplicando a los dioses que su cacique no muriera. La comparsa siguiente iba cantando, saltando y riendo diciendo que los dioses ya les habían concedido lo que los anteriores les pedían. Seguían otros con máscaras de oro, disfrazados y con las mantas arrastrando por el suelo, cantando y danzando. Solamente al final iba el cacique en andas con el más costoso adorno y solemnidad que le era posible.

No obstante, la persecución desatada por los españoles contra estas celebraciones, los indígenas las supieron mantener camufladas entre las fiestas católicas. Las "carnestolendas" eran festejos de raigambre indígena que perduraron hasta principios del siglo XX en Bogotá, realizadas en los barrios encaramados en los cerros y al pie de la carretera de circunvalación donde se refugiaron rezagos de población indígena. Correspondían al domingo de quincuagésima, anterior al miércoles de ceniza. Consistía en un verdadero carnaval que duraba tres días, donde se bebía mucha chicha, jugaban turmequé (tejo), soltaban toros de rejón por las calles, armaban la "vacaloca" con sus cachos encendidos, y bailaban en las calles al son de flautas y tambores.[299]

Todas estas festividades se fueron sincretizando con las fiestas católicas y algunas se confundieron con el carnaval, manifestación suprema de la raza, y vivencia universal..., "en Europa, Asia, África y América, se encuentra ligado en principio a los rituales agrarios, equinoccios, solsticios, en donde lo mítico, profano y sagrado se con-

---

[297] Ibíd.Pág.131.
[298] Citado por Llano Restrepo María Clara y Marcela Campuzano Cifuentes (1994):39
[299] Caballero Beatriz (1987) El santuario de la Peña: 68

jugan en una unidad con múltiples expresiones en cada pueblo. En el carnaval «el hombre muere para vivir»; prepara su entierro para que nazca un bosque de sueños y esperanzas, donde cada individuo es «árbol y pulmón» de su cultura e identidad."[300] «Nyia chunso gos-qua» [301] (Hacer ofrendas de oro), era una ceremonia especial realiza-da por los orfebres y algunos «Chyquy» con dones para influir en la creación de los sagrados objetos.

Recuperado de internet: https://elcampesino.co/el-carnaval-del-perdon-un-encuentro-de-fortalecimiento-indigena-en-putumayo/

El trabajo de los orfebres empezaba seleccionando los pedacitos de oro retorcidos como chicharrones en montoncitos que después depositaban en unos cuencos con bocas alargadas por donde brotaba el oro líquido y pasaba a unas vasijas que iban dejando a un lado para que se enfriaran. A continuación iban a "siehischa", la fuente de agua que brota de la tierra y ahí las Sumergían. Luego les iban pasando a otros ayudantes que les desprendían la cerámica, quedando solo el molde de los divinos tunjos que los orfebres se apresuraban a limpiar con hierbas y pulir con trocitos de roca arenisca, hasta dejarlos bri-llando como el mismo sol. "NyiaHuizu", el que da vida al oro y sus ayudantes, colocaban los pedacitos de oro fundidos en los crisoles,

---

[300] Zarama Vázquez Germán (1999) Sombras y luces del carnaval de Pasto:28,29
[301] Nyia = oro, Chunso = ídolo, ofrenda sagrada y Gosqua = hacer una cosa...

sobre unas piedras redondas[302], traídas de las montañas de fuego, donde los golpeaban delicadamente, estirando y aplanando, hasta dejar los trocitos convertidos en láminas. Después les daban la forma deseada según la inspiración del momento.

Recuperado de internet: https://www.cultura10.org/muisca/orfebreria/

En el taller de los orfebres, quedaban suspendidas en la tarde, figuras de dioses y animales sagrados -geométricamente estilizados- que a sus ojos representaban la naturaleza, los dioses y los animales transformados en narigueras, petanas, brazaletes, tobilleras, y en hilitos finísimos de collares, aretes, zarcillos, alfileres, con esmeraldas, diamantes, zafiros y otras piedritas de colores.

En estas figuras quedaron plasmados el arte, el esfuerzo, la dedicación y la paciencia de los artesanos orfebres para darle forma y vida a cada pedazo de oro, actividad única e irrepetible en el tiempo, que nunca podrá volver a ser igual, en la historia del Mhuysqa que pobló la sabana de Bogotá.

---

[302] Roca de origen volcánico muy dura de color negra o verdosa conocida con el nombre de basalto. Según los hallazgos arqueológicos descubiertos en las tumbas muiscas se encontraron piedras labradas con este material: Stanley Long. (1989). Matrices de piedra y su uso en la metalurgia muisca. Boletín N° 25. Museo del Oro. Banco de la República .Bogotá. Pág.43. Y, en: Lucia Rojas de Perdomo. (1989)Manual de arqueología Colombiana. Carlos Valencia Editores. tercera edición. Pág.157

EL
SU
MHUYS
HISTORIA
QA

Cucachia[303]

En Chia, aldea de la luna, existió la más importante, Cuca de los Mhuysqas en la "Cueva del Mohan," ubicada en los cerros, al norte del resguardo indígena, junto al nacimiento de la fuente de tíquiza (noche del pensamiento) que antiguamente fue un nacimiento sagrado y después suministraba agua al municipio. Los raizales descendientes de los muiscas dicen que la cueva tenía túneles y cavernas que se conectaban, por el oriente, con los cerros de hierbabuena. Conocidos por los «Chyquy» (sacerdotes), fueron utilizados muchas veces para escapar de las persecuciones de los españoles. Afirman que en uno de estos laberintos está escondido el tesoro de «El Dorado», el mismo que desato la ira y desesperada búsqueda de Quesada. [304]

Así lo describe el escritor Carlos H. Matiz.[305], citando al Reverendo Padre Zamora, dice que halló en los cerros de Chia una galería subterránea y la "Cueva del Mohan" donde existió probablemente uno de los principales Monasterio o Cuca de los muiscas. Menciona el hallazgo de un socavón que al internarse en la tierra daba paso a un gran túnel o galería subterránea, en forma de serpiente, coincidiendo con el hallazgo en la entrada de una piedra con figura de serpiente que indicaba la dirección de la galería; allí mismo se encontró algu-

---

[303] En Chia, aldea consagrada a la luna existió la "Cuca." más importante de Bacata. "Cuca" era el bohío, Cueva o lugar donde se recluían a los niños-según los cronistas-para recibir una educación esmerada que los convertiría en sacerdotes, caciques y zipas.

[304] Correa Correa Javier (2002) Los muiscas del siglo XXI en Chia. El resguardo indígena de Fonquetá y Cerca de Piedra. Secretaria de Cultura de Cundinamarca y Alcaldía popular de Chia. Pág.77. Y, Camilo Pardo Umaña. Haciendas de la sabana. Villegas editores. Bogotá. 1988.

[305] Matiz Carlos H. (1945) Chia: la ciudad de la luna. Estudio histórico descriptivo. Imprenta Departamental. Bogotá: Pág.14 y 68

nas esmeraldas de gran tamaño y calidad, así como una pequeña serpiente de oro.

Recuperado de internet: https://es.wikiloc.com/rutas-carrera/charco-el-mohan-33588521

En otra oportunidad, en los cerros de "fusca" al oriente de chia, el padre Zamora encontró una piedra monolito de forma ovalada con inscripciones y jeroglíficos «Mhuysqas», que resultó ser un plano de localización de algunos monumentos. El más importante, lo encontró en la entrada a una cueva de gran amplitud formada con piedras de sillar, con arcos y escalones de piedra que se iban internando en las profundidades de la cueva; pero se toparon con una gran piedra que interceptaba la entrada a una galería.

Desafortunadamente estas excavaciones y hallazgos quedaron suspendidos y sumidos en el misterio, también intentaron averiguar si los túneles descubiertos eran santuarios de divinidades, cementerios indígenas o estratégicos caminos subterráneos.[306]

En la evidencia de que existieron cuevas en los cerros de Chia, acudimos a las encontradas por Thomas van Der Hammen en los ramales de la misma cordillera oriental de un sistema de cavernas descubiertas hacia 1955, entre Cunday y Purificación, en el departamento del Tolima. Estimadas entre las más grandes del mundo, descrita en su obra: Historia, Ecología y vegetación.[307] En todas estas descripciones confirmamos que los Mhuysqas estimaban el espacio sagrado de los cerros de Majuy, donde nacían las fuentes de agua y se

---

[306] Ibíd. Matiz Carlos H. (1945) : 70

[307] Van der Hammen Th.(1992) :pág.167

perpetuaba la fauna y la flora. La cueva era el útero de la Madre Tierra como un conducto de tránsito entre el tiempo sagrado y el tiempo humano. La caverna es el arquetipo de la matriz como la materialización del "regressus ad uterum".[308]

En estas cuevas o cavernas llamadas "cucas" o en ciertos bohíos conocidos con el nombre de "opaguegue", se educaban a los futuros sacerdotes, capitanes, caciques y zipas. Pero Los cronistas nada dicen de la educación popular que recibían los niños del pueblo Mhuysqa.

La compleja organización social Mhuysqa analizada a fondo por el profesor Correa que nos permite distinguir: "varios niveles socio espaciales en los que se apoyaba la organización social:

a) Los grupos domésticos estaban constituidos por familias nucleares o compuestas que habitaban una vivienda.

b) Un conjunto de viviendas se agrupaba en propincuos (próximos) asentamientos enlazados por la consanguinidad de las cabezas de sus grupos domésticos; a estos se agregaban progresivamente sus sobrinos, quienes con sus esposas e hijos, habitaban unidades domésticas propias en un mismo asentamiento conformando grupos de filiación local.

c) se hallaban, a su turno, enlazados por consanguinidad con los miembros de otros asentamientos próximos conformando lo que los hispanos denominaron una *parte*.

d) El conjunto de *partes* era una unidad social exogámica entretejida por relaciones de consanguinidad de sus miembros, los cuales conformaban una unidad territorializada a la que los hispanos llamaron "cacicazgo", que distinguieron por la autoridad del cacique y, casi siempre por una denominación característica."[309] Que se identificaba con el nombre del cacique que era por lo general el topónimo o nombre del lugar.

Lo anterior presupone que las aldeas muiscas estaban conformadas por familias extensas que agrupaban miembros de primero, segundo y tercer grado, padres, hermanos, hijos, tíos y sobrinos. Pero no se podían casar entre sí, sino por fuera del grupo consanguíneo, en

---

[308] En : www.montero.org.mx/iztapalapa.htm y www.anthro.org/four2000.htm
[309] Correa Francois (2004) : 228

relación avuncular[310] sobre el que descansaba el orden social. En esta forma, es de suponer que la mayoría de los niños y niñas en edad de aprender, eran orientados y dirigidos al principio por sus padres y después por sus tíos en las actividades y faenas propias de sus oficios.

Aprendían directamente en la parcela; el arte de cultivar los alimentos; en el telar, el arte de hacer mantas; en la ubicación de los suelos encontraban el barro propicio que después de amasar, moldeaban en cerámicas que cocinaban en hornos; observando detenidamente a los orfebres y los talladores de piedras, aprendían el difícil arte de la talla y la fundición de oro; acompañando a los cazadores, conocían las costumbres de los animales; observando a los Guechas, aprendían el arte de la guerra en defensa del Mhuysqa, el valor y destreza que se debe poseer en la guerra para sobrevivir. Finalmente se decidían por uno de los oficios que tarde o temprano tendrían que desempeñar en su vida.

Mientras tanto, los sobrinos del Zipa (autoridad suprema), sobrinos de Caciques (autoridades locales), sobrinos de Ubsaques (jefes militares), sobrinos de Chyquy (sacerdotes), sobrinos de Zibyntybas (capitanes) y sobrinos de Utatybas (capitanes menores) hijos e hijas de hermanas, eran conducidos a las "CUCAS" ubicadas en cuevas o seminarios en casas santas, donde se los "iniciaba" en una especie de educación mística que a los cronistas les pareció una reclusión forzada, similar a un encierro donde no podían ver, ni tocar, ni hacer, en completo aislamiento monástico que los mantendría aislados durante siete o doce años.

La educación mística no podía reducirse únicamente a una reclusión; sino que en este período, los niños de la cuca recibían enseñanzas de parte de los Guasguaitas[311], viejos sacerdotes, algunos con más de cien años, internos como ellos, encargados de preservar la disciplina y el orden que debía existir en los espacios sagrados, dormitorios, almacenes y otras cámaras destinadas a rituales de iniciación muy precisos que requerían de ambientes especiales en el interior de

---

[310] Avunculado: organización social de tipo matriarcal en el que la responsabilidad principal sobre el niño la ejerce el tío materno.

[311] Guasguaitas = Maestro de Muchachos. Uricoechea (1871) pág. 95

la cuca seminario. Los Guasguaitas maestros imponían ayunos y menesteres domésticos para aprender a vivir en comunidad. Ocasionalmente se alojaban en la cuca y llegaban intempestivamente durante el día o la noche y transmitían sus enseñanzas en el libro abierto de la naturaleza o a través de rituales sagrados. Insistían en la observación natural de las estrellas, el Sol, la Luna, las Estaciones, las cadenas nutritivas, la alimentación del hombre y los animales. Aquí aprendían a conocer los secretos del bosque, la lucha de las especies por la supervivencia, la cacería sostenible; es decir, prohibición de eliminar las hembras preñadas. El efecto en el organismo de diferentes alimentos, distinguiendo las propiedades benignas o nocivas de ciertas raíces, yerbas, frutas, animales, aves y pescados.

El ayuno que designaban con la palabra "Zaga" era su principal enseñanza, porque educaba la voluntad, la fortaleza y las decisiones temerarias, a veces duraban varios días y se complementaba con el arte de la supervivencia. El ayuno practicado desde tiempos antiquísimos es el limpiador más eficaz y sencillo para el cuerpo y la mente, porque alivia la congestión y ayuda al proceso de eliminación.

En sus largos periodos en contacto con la oscuridad aprendían a ver en la noche y encontrar pozos de agua. También aprendían a conocer las causas y manera de prevenir ciertas enfermedades que aparecían en los inviernos, veranos o con la presencia súbita de ciertas estrellas, posiciones del sol o fases lunares, conforme con sus observaciones milenarias de los astros que consignaban en piedras calendario y en jeroglíficos sobre piedra arenisca donde grababan con tinta roja indeleble algunos fenómenos telúricos: temblores, terremotos, huracanes, erupciones volcánicas y el comportamiento anormal de ciertas épocas del año.

Aprendían el arte de comunicarse con los ríos, lagunas, árboles, cerros, piedras, flores, el viento, el fuego, el sol, la luna, y las estrellas. El conocimiento se transmitía directamente en la práctica y en el ejemplo de sus mayores. La historia de sus orígenes y antepasados se transmitía oralmente; el arte de los hechizos para favorecer las transformaciones chamánicas, era conocimiento exclusivo de los Chyquy; como también el uso de ciertas yerbas para viajar a otros mundos, curar heridas y otras enfermedades. Los días y noches sin luz tenían por enseñanza comprender el tiempo de la eterna oscuridad, el mundo de arriba era similar al mundo de abajo, en el de arriba todo estaba por hacer y en el de abajo todo estaba concluido, arriba había luz, abajo, oscuridad, arriba trabajo, abajo descanso, y así sucesivamente; por esto, era necesario familiarizarse con las tinieblas, para que cuando llegara el momento del descenso se reconocieran unos a otros y las cosas extrañas que hay en el mundo de ultratumba.[312]

El celibato era obligatorio para los candidatos a Sacerdotes, porque sus funciones eran de gran responsabilidad y por consiguiente debían estar por encima de las pasiones y atracciones sexuales que podrían interferir su trabajo. Pero no para los Caciques y Ubsaques a quienes les estaba permitida la poligamia.

Los sacerdotes recomendaban el sueño corto y pasaban parte de la noche meditando en la solución de los problemas de su comunidad o de particulares, mascando coca que mezclaban con un polvo extraído de caracoles y conservado en unos calabacitos llamados Poporos.

Recuperado de internet: https://www.gtush.com/cultura-muisca/

El noviciado era de doce años una vez terminaba el aprendizaje se les abrían las orejas y narices para adornarlas con pendientes y narigueras de oro. Concluido el aprendizaje hacían ceremonias públicas en la que se acompañaba al futuro Chyquy o sacerdote, cacique o jefe militar a bañarse en un pozo sagrado para recibir el agua purificadora y la luz divina del sol.

---

312 Ver la dialéctica del mundo de la simetría asimétrica entre los Muiscas. En: Rozo Gauta José (1997):Pág.12. Espacio y tiempo entre los Muiscas.

Quesada conoció por primera vez las costumbres del Mhuysqa y los describe con su rudimentario castellano así:

"Los que han de ser caciques o capitanes así hombres como mujeres, métenlos cuando pequeños en unas casas; encerrados allí están algunos años, según la calidad de lo que esperan heredar. Y hombre hay que está siete años. Este encerramiento es tan estrecho, que en todo este tiempo no ha de ver el sol, porque si lo viese perdería el estado que espera. Tienen allí con ellos quien les sirva y danles de comer ciertos manjares señalados y no otros. Entran allí los que tiene cargo desto, de ciertos a ciertos días y dánles muchos y terribles azotes. Y en esta penitencia están el tiempo que he dicho. Y salidos ya pueden horadarse las orejas y narices para traer zarcillos de oro, ques la cosa entre ellos de más honra. También traen oro en los pechos que se los cubren con unas planchas. Traen también unos capacetes de oro, a manera de mitras y también los traen en los brazos. Es gente muy perdida por cantar y bailar a su modo y estos son sus placeres".[313]

En el caso de los sacerdotes, Simón nos cuenta: "También les enseñaban las ceremonias y observación de los sacrificios en que gastaban doce años, después de los cuales le horadaban las narices y orejas en que le ponían zarcillos y caracuríes de oro , íbanle acompañando muchos indios hasta una quebrada limpia donde se lavaba todo el cuerpo y vestía mantas nuevas finas, desde donde iba con el mismo o con más acompañamiento a la casa del cacique, el cual le daba la vestidura del sacerdocio, concediéndole y dándole de su mano para que trajera el «poporo y mochila del ayo» y algunas buenas mantas finas y pintadas y licencia para ejercer el oficio de jeque[314] en toda su tierra, porque en cada una los había particulares. Ya con esto quedaba del todo graduado en su oficio, por cuya solemnidad hacían grandes fiestas de mucha bebida y bailes, ofreciendo sacrificio para que ejercitara el oficio. Metíase después a celebrar las fiestas en una casa que le tenían hecha cerca del templo o en el campo para el propósito,

---

[313] Jiménez de Quesada Gonzalo (1547)(1979) : 92
[314] Anteriormente anotamos que "Jeque" es una palabra de origen árabe que significaba señor principal, utilizada por los españoles para nombrar a los sacerdotes mhuysqas que en su lengua era "chyquy".

de donde no salía más que para hacer los ofrecimientos, porque su sementera y labranza se la hacían de comunidad y para su vestir le daban mantas los que venían a hacer las ofrendas, para que más descampado destos estorbos, se diese más del todo al servicio de los dioses, por cuya razón tampoco consentían se casase por toda su vida, y así era austerísima la que pasaba, sin compañía de nadie, siempre en ásperos ayunos y martirios diabólicos, pues muy de ordinario se sajaba y sacaba abundancia de sangre de muchas partes de sus cuerpo". [315]

De estas versiones se deduce que "el encierro" era para hombres y mujeres y el tiempo que demoraba esta reclusión, variaba entre siete y doce años. Quesada apenas contempla el estado de penitencia y el azote dado a los niños y la magnificencia de los adornos de oro que portan cuando termina su reclusión.

Simón es más explícito aunque reduce la enseñanza únicamente a las ceremonias y observación de los sacrificios. También refiere que la comunidad era la encargada de sostener a los sacerdotes, cultivando la parcela que le corresponde y ofreciéndole mantas. Eran célibes y vivían solos entre ásperos ayunos y autoflagelaciones.

Medrano, afirma que era en cuevas donde se recluía a los niños de diez años en adelante para instruirlos y ordenarlos de sacerdotes. "Dura esta vida, siete años continuos. No se corta cabello, ni muda ropa, ni sale de su encerramiento, ni habla con persona humana. Enséñanle a emborrachar con cierto humo de tabaco. Y estando así se le aparece el demonio y hace su pacto con él y le instruye en las cosas de su culto y le queda familiar para adelante. Y en estos siete años de su noviciado, encierran con él una doncella a la cual no ha de llegar. Y hechas estas experiencias y probaciones a gusto de otros sacerdotes viejos recibe el grado con cierto bonetillo como borla, de mano de un gran cacique a quienes ellos tienen por sumo sacerdote".[316]

A los futuros caciques también los sometían a este encierro y penitencia y también les colocaban junto una doncella desnuda para probar su autocontrol.[317] Juan de castellanos, refiere que el zipa en

---

[315] Fray Pedro Simón (1625) (1953) tomo II: 248
[316] Fray Alonso Medrano(1600) citado por Francois Correa(2004):130
[317] Fray pedro Simón (1981) Tomo III: 391

ausencia de heredero de un cacicazgo sometía a esta misma prueba a los candidatos a suplir el cargo, de entre dos hombres de buena casta conocidos y de aquella provincia natural. "Estos mandaba a desnudar quedando todas sus partes a descubierto en plaza pública y en medio dellos una graciosa ninfa sin más ropa de la que le vistió naturaleza; y estando casi juntos y fronteros del vaso codicioso de la dueña a cualquiera dellos cuya viril planta, alteración mostró libidinosa, desechábanlo luego de quién se conoció poca vergüenza y de ningún sostén para gobierno; y si los dos mostraban accidentes, entrambos iban fuera de la suerte, y otros se disponían a la prueba, hasta topar con uno que tuviera quietos y entrenados genitales. Este quedaba con el señorío y sucesor perpetuo del estado, y era del Bogotá favorecido, porque le parecía que la cosa que desconcierta más al que gobierna eran inclinaciones sensuales, y que para defensa en las tierras convenía ser hombres continentes, porque las añagazas de mujeres los hacen descuidados y remisos, y algunas veces ser acobardados". [318]

En esta forma la educación Mhuysqa, tenía en la más alta estima el autocontrol sexual y por esto era necesaria la reclusión desde temprana edad, la práctica del ayuno y austeridad en las comidas. Indispensable para conseguir templanza, fortalecimiento en la voluntad, autodominio de los instintos, suprema prueba de superioridad espiritual sobre el cuerpo y la mente -sobre todo para hacer posible su comunicación con los ancestros primordiales.[319] Valiosa educación puesta a prueba entre los caciques y sacerdotes, hechos prisioneros por los españoles, sometidos a dolorosas torturas sin conseguir doblegar su voluntad.

---

[318] Castellanos Juan (1601) (1997) Elegías de varones ilustres de Indias:1167
[319] Correa Francois (2004): 133 infra 134 supra.

EL
SU
MHUYS
HISTORIA
QA

Nemequene[320]

Debido a un origen diferente, los Mhuysqas del norte y los Mhuysqas del sur, mantenían una rivalidad consuetudinaria que tendía a resolverse por medio de los acuerdos en la integración del culto solar y lunar y en los casos políticos, por medio de guerras.

En el territorio del «Chipa» (nuestro padre) imperaba la cultura del agua «luniterrestre», un creador omnisciente, «Chiminigagua», «Botchica hijo del sol» y la luna, «Batchue» emergida de las aguas y progenitora de la raza humana. En el sur imperaba un ambiente democrático. Cualquier guerrero Guetcha podía ascender por sus méritos a la calidad de capitán o cacique de tribu. Por el contrario, en los predios del Zaque de Hunza (Tunja) imperaba un gobierno teocrático, establecido por gracia divina del Cacique de Ramiriquí y Sogamoso convertidos en Sol y Luna, dioses que hicieron a los hombres de tierra amarilla y a las mujeres de hierba. Imperioso era el culto del sol por encima de cualquier otro y para llegar a una dignidad era necesario un largo y difícil aprendizaje.

Ante el asedio de los Panches y Muzos, los Mhuysqas del sur, quisieron consolidar los cacicazgos alrededor del «Chipa» (nuestro padre), autoridad suprema, circunstancia que obligaba a los poblados Mhuysqas a rendirle tributos; al mismo tiempo que ejercía el control del poder, se hacía urgente la necesidad de unificar los cacicazgos para enfrentar a los enemigos que asechaban las fronteras e impedían realizar intercambio comercial con otras tribus. Hecho que motivó las guerras internas entre los Mhuysqas por el dominio y control de todas

---

[320] Nemequene (poderoso jaguar dorado) proviene de las palabras: Nimy= jaguar o puma originario de América con piel amarilla similar al león; por esto, le decían: león americano. Que= árbol fuerte o poderoso. Y, Ni, apócope de Myia= oro.

las aldeas. «Saguanmachica», legendario Zipa de Bacatá, había conseguido anexar los cacicazgos de Tibacuy y Fusagasuga, y se aprestaba a invadir al Guatabita; pero se interpuso Michua, Zaque de Hunza. Ambos monarcas se entrabaron en singular combate frente a sus ejércitos y ambos murieron en la contienda. Ambos bandos se retiraron cada uno a su nación, con el despojo de sus respectivos jefes y en una y otra oportunidad se les hizo suntuosos entierros.

Ocupó el trono de Hunza: Quemuenchatocha sobrino del Zaque Michua quien fue descrito así: "duro como el alma de las piedras, Bochica le dio fortaleza y astucia...aunque severo y a veces cruel, era reflexivo y justiciero...cuando los españoles lo amenazaron de tortura y muerte para que dijera donde se encontraban sus tesoros, exclamó: "de mi cuerpo pueden hacer lo que les plazca, pero en mi voluntad nadie manda."[321]

En Bacata ocupo el trono Nemequene, sobrino de Saguanmachica. En la escasa historia de los zipas de Bacatá se le conoce como "el legislador" o "el Justo" porque se preocupó por establecer leyes que hacía cumplir con todo el rigor, consiguiendo elevar la dignidad del Mhuysqa y los valores sagrados de convivencia social, respeto, honradez, igualdad de derechos, buenas costumbres y valor para defender la nación.

Relata lo siguiente:

"Mandaba que quien matara, muriese, aunque le perdonasen los parientes, porque la vida solo Dios la daba, y no los hombres para perdonarla. Mandó matar a quien mujer forzase, siendo soltero, pero si casado, durmiesen dos solteros con la suya. Al que tuviese cuenta con su madre, con hija, con hermana, con sobrina, que son entre ellos grados prohibidos, que lo metiesen en un hoyo de agua angosto, con obscenas sabandijas y lo cubriesen con una gran losa miserablemente, y ellas pasaran por la misma pena. Al sodomita, que muriese luego con ásperos tormentos y dejaba abierta puerta para que pudiesen los reyes venideros agravarlos con aumento de crueles penas. Y aun así los naturales de este reino nunca jamás han sido maculados de feo y horrendo maleficio. Y son en este caso todos limpios.

---

[321] Nossa Monroy Carlos (1970) Aquimin el ultimo zaque:41

"Mandó que si de paso pereciese cualquier mujer casada, su marido perdiese la mitad de la hacienda y la diesen al suegro y a la suegra, hermanos o parientes más cercanos, en defecto de padres; mas quedando viva la criatura, no debía más de que la criasen a su costa".

"Ordenó que ningún señor subiese en andas llevados por criados en sus hombros, sino solo él o cualquiera que él determinase por algunos servicios señalados. Limitó los vestidos y las joyas a la gente común y solamente a los Uzaques dióles licencia para que pudiesen horadar las orejas y narices y a su gusto traer joyas pendientes.

"Ordenó que los bienes y haciendas de quien sin heredero falleciese, quedaran aplicados a su fisco.

"Mandó que quien huyese de batalla antes que el capitán que los regía, con fin de muerte vil fuese punido. Y quien mostrase cobardía en guerra, por afrenta lo vistiesen con ropas de mujer y que con ellas usase de los mismos haceres que suelen ser costumbres de las hembras por aquel tiempo que su rey quisiese".[322]

Recién posesionado Nemequene tuvo que afrontar la rebelión contumaz del Fusagasuga, que enterado de la muerte de Saguanmachica proclamaron su independencia. Mando a su joven sobrino Tisquesusa, en ese momento nombrado cacique de Chia, con parte de su ejército a contener la rebelión; mientras él se enfrentaba a los Panches.

Cuando los ejércitos afrontaban a sus enemigos llegó la noticia de la sublevación del Zipaquirá y el Nemocon, que aliados se aprestaban a invadir Bacata. Enterado Nemequene se volvió rápidamente a detener a sus traidores enemigos. Entre Cajicá y Chia se empeñó el duro combate, que luego decidió la suerte a favor del Zipa, tomando posesión de sus tierras y cercados.[323]

Nemequene entró victorioso a Bacata y Tisquesusa triunfante de su campaña contra los Fusagasugaes. Tío y sobrino celebraron sus victorias con mucha chicha, fiesta y danza por varias semanas hasta que Nemequene, poderoso jaguar de oro, expuso sus planes de conquista a sus capitanes.

---

[322] Castellanos Juan (1601) (1997) : 1154

[323] Seguimos la versión de Vicente Restrepo quien a su vez sigue a Piedrahita único cronista que menciona las primeras campañas de Nemequene. A continuación volvemos a las versiones de castellano y Simón.

Primero anexar Guatabita y después Ubaque para seguir avanzando por el norte hasta Tunja. Astuto como el jaguar, Nemequene espera la oportunidad para lanzarse sobre su presa, segura y confiada de sí misma; supo aprovechar el mandato del Cacique de Guatabita que exigía dos personas a cambio de un orfebre. Así pudo infiltrar en el campo del guatabita a 2000 guerreros «guechas» de su partido disfrazados de campesinos, con la orden de atacar en el momento de su llegada. La derrota del Guatabita fue contundente y en ella perdió su vida y la de sus mejores capitanes.

Victorioso, Nemequene amplió sus dominios por el norte hasta Turmequé y Chocontá en las fronteras con Hunza y por el nororiente hasta Gacheta y los llanos. Faltaba para consolidar su dominio someter la fortaleza del Ubaque[324] (flor del bosque) región del oriente que reunía a todas las poblaciones antiguas, pues por el cañón de Río Negro penetraron los primeros Mhuysqas, fundando las poblaciones de Choachi o Chiguachi (nuestros cerros de la luna), Fúmeque (poder de los bosques de "Fu" dios de la alegría, de los agricultores y tejedores), Chipaque (bosques del zipa), Une[325],(callo de la mano) Caqueza (cercado de los bosques de la noche), Fosca (cercado del dios Fu), Chuntiba, que significaba: capitanía del santuario (actual Gutiérrez) y Quetame (nuestros bosques y labranzas).

El Cacique Ubaque, pensaba que estaba seguro en su territorio porque tenía el poder de la laguna, puerta de entrada al mundo reflejo, donde moran los dioses que deciden el destino de los Mhuysqas y de sus cerros tutelares que tienen la fuerza de guayacundu[326] y de la áspera topografía de su territorio. Con el valor de sus súbditos logró mantener a raya al zipa. Hasta que en la séptima ubchihica, noche de luna llena, los dioses de la laguna le aconsejaron llegar a un acuerdo

---

[324] Ubaque puede significar: "flor del bosque" o "rostro del bosque" en el caso de que interpretemos Uba= Flor o Rostro, según el significado que trae el diccionario de la lengua chibcha de María Stella González de Pérez. Op. Cit. Pág.: 209 y 264. En el caso de cambiar la traducción por "Hybaque" entonces podría significar "Sangre de madero" o "sangre en el bosque" por que "Hyba = Sangre y Que= Madero , árbol o bosque, según González(1986): 317 y Uricoechea(1871): 194

[325] Une, puede ser apócope de Ytyune, callo de la mano. González (1986): 206.

[326] Guayacundu, puede significar "Madre del cóndor, si traducimos la palabra chibcha "Guaya"= Madre y "Cundur"= Cóndor, aunque esta última es de procedencia quechua.

con el Zipa de Bacata. Meditó el Ubaque en la pequeña fuerza que estaba a su servicio para contrarrestar las numerosas huestes del Zipa. Evaluó la situación y vio que sus tropas se desgastaban y sus pueblos querían regresar a la tranquilidad de sus labranzas, por lo que decidió proponerle al zipa un acuerdo de paz, con el compromiso para que Nemequene tomara en matrimonio dos hijas doncellas que tenía.

Aceptó el zipa las condiciones y el Ubaque las de quedar sujeto. Pensando que teniendo por yerno al Zipa de Bacata se le haría menos pesado el yugo de la obediencia. Nemequene de Bogotá se casó con la mayor y la menor se casó con su hermano, guardando la solemnidad y regocijo que tienen de costumbre cuando se desposan con celebraciones de varios días.[327]

Luego pasaron por "Etasisque" [328] la fuente de aguas termales de choachi donde se hallaba el pozo sagrado de agua caliente que brota del centro de la tierra. Allí hicieron una ceremonia de purificación y siguieron para Bacata.

Recuperado de internet: https://www.lugaresturisticos.org/termas-en-choachi/

Pasadas las celebraciones, Nemequene se encamino a someter a los caciques de Simijaca, Susa y Ubate, a quienes rindió fácilmente dejando de comandante general de aquellas provincias y comarcas a

---

[327] Castellanos Juan (1601) (1997): 1150

[328] "Sisque", palabra chibcha que significa agua caliente y Eta, pozo. Los cronistas mencionan que los mhuysqas tenían predilección por los baños de aguas termales entre los cuales mencionan el de Tabio donde hacían sombra dos altísimas y frondosas palmeras y por que las miraban con veneración los indios, el arzobispo fray Cristóbal de Torres las mandó a cortar. También se mencionan las fuentes de Guasca, de los señores de Guatabita y de Iza, Ramiriquí de Sugamuxi y del Zaque de Hunza. Pérez de Barradas José (1950) : 398

su hermano nombrado Guatabita. No faltaron los espías en la corte del ubaque que por congraciarse con el Guatabita le contaron de las enormes riquezas que este poseía, despertando su codicia y con el nuevo poder adquirido, fraguó un ataque alevoso contra su suegro para quedarse con el tesoro.

En efecto, sin decirle nada a su hermano Nemequene, el Guatabita, se encamino con su ejército a donde el Ubaque; pero en el trayecto se interpuso Chiguachi, capitán del poblado de los cerros de la luna impidiéndole el paso. El Guatabita explico sus razones diciéndole que venía de parte de su hermano a ver los ejércitos puestos por el zipa en la última contienda. Chiguachi pensando que era cierto, dejó pasar los escuadrones, pero se cuidó de enviar mensajeros por caminos secretos a donde el Ubaque informándole del arribo del Guatabita. Este ni corto ni perezoso entendió la maniobra del Guatabita y se fue a guayacundo el peñol inexpugnable donde nadie pudo vencerlos jamás, porque los protege el poder de siegua, la laguna sagrada de Ubaque.

Recuperado de internet:
https://es.wikiloc.com/rutas/senderismo/colombia/cundinamarca/ubaque

Pero el Guatabita, hermano de Nemequene, se le adelanto y tomo el tesoro que decidió hundirlo en la laguna antes que devolverlo, y así comenzó la cruenta batalla en los cerros de guayacundu[329] de donde salió victorioso el Ubaque después de varios días de asedio.

Enterado el zipa de tan desafortunado desenlace no acepto los mensajeros ni los presentes que le envió el Ubaque sino que le mandó venir en persona a informar lo acontecido. Después de un consejo de uzaques y caciques que demoro siete meses se probó la inocencia del Ubaque y la culpa del Guatabita, hermano del zipa.

Así fue como el zipa Nemequene,"el justo" consiguió consolidar el extenso territorio de los Mhuysqas del centro. Seguidamente convocó a todos los caciques y uzaques para informarles que había decidido marchar contra los Mhuysqas del norte sujetos a Tunja. Les ordenó que reunieran a todos los hombres en edad de combatir y los armaran con macanas, dardos, picas, hondas, flechas, porque era el tiempo de "*saba*" la guerra Mhuysqa.

Empezaron las ceremonias preliminares que en tales ocasiones se realizan con más solemnidad, puesto que se arriesga la vida y el honor y únicamente el incierto destino, conoce la suerte de los guerreros. Ellos lo saben, guardan ayuno y realizan sacrificios al sol y la luna y se cuidan de convocar a los enaltecidos espíritus de sus antepasados para que les sean favorables.

Danzan, bailan, cantan, con medida y consonancia, donde cuentan los sucesos presentes y pasados, vituperan a sus enemigos y encuentran razones para atacar a los de Hunza, pues se requiere que el Mhuysqa sea una sola nación capaz de enfrentar los peligros que se avecinan anunciados por los oráculos y las profecías.

Cumplido el plazo acordado; en ubchihica, luna llena, se encontraron los ejércitos en el "arroyo de las vueltas" cerca de Chocontá. A uno y a otro lado se levantaron los campamentos esperando la orden de ataque. Nemequene, el justo, fiel a los preceptos de Saba la guerra Mhuysqa[330], envió mensajeros a Quemuenchatocha animándolo para

---

[329] Guaia= Madre y Cundu, puede ser contracción de Cundur= Cóndor, de procedencia quechua, como en la palabra CundurMarca = tierra del cóndor o de la palabra chibcha Con o Cun = apoyo, como en Chibchacun o Nemocon.

[330] "*Saba*" la guerra mhuysqa, según se desprende del análisis histórico, no consistía en eliminar al otro, sino en llegar lo antes posible a un acuerdo de paz. Similar al "Tinku" de los Incas traducible como "Dialéctica de los opuestos complementarios." Muy diferente a la antagónica "lucha de contrarios." Al respecto, ver el artículo de Palomino

que depusiera las armas y unificaran las naciones bajo el cetro del Zipazgo, según las antiguas tradiciones. El zaque no se inmuto y devolvió a los mensajeros diciéndoles que pronto tendría respuesta. Esta no se hizo esperar. Apenas asomó "Cagui" el lucero de la mañana, llegaron al campamento del zipa los mensajeros del zaque, informando que también por linaje les merecía el poder y que si era justo, decidieran en singular combate la suerte de los reinos.

La corte del zipa se negó a aceptar, aunque el zipa lo deseaba, arguyendo de su valor y destreza en el manejo de las armas; pero los Uzaques más experimentados en el combate, le aconsejaron no arriesgar lo conquistado en una aventura tan incierta.

Seguidamente el movimiento de los ejércitos anunció que se daba inicio a la contienda. Sonaron con estrépito los tambores de *saba*, la guerra Mhuysqa y el agudo silbido de las flautas acompañado por el bajo grave de fotutos y caracoles. Se pusieron frente a frente, filas de miles de indios, pintados de rojo, negro, amarillo, verde, azul, y sus jefes luciendo penachos de colores sujetos con diademas de oro, áureas narigueras con esmeraldas incrustadas, con formas de serpientes, murciélagos bicéfalos; lechuzas, águilas de tres cabezas, cóndores, jaguares, que conferían a los guerreros el poder de los animales representados. En los brazos y piernas brazaletes y tobilleras con poderes mágicos capaces de detener las heridas y hemorragias y pecheras acorazonadas con cabezas de ave, que resplandecían ante el sol encandilando a sus enemigos.

"Cruzábanse infinidad de flechas por los aires, hiriendo a los combatientes que caían revolcándose por el suelo, donde rodaban penachos, escudos y diademas. Las duras piedras dejaban en los cuerpos profundas y dolorosas heridas. Los terribles golpes de macana, rompían cabezas, brazos y piernas y ensangrentaban los rostros. Redoblaban los gritos de uno y otro lado, retumbaban los caracoles marinos y los tamboriles de diversos tamaños".[331]

Los caciques, uzaques, tybas, utatybas, chyquy, cada uno en su lugar y frente a sus hombres, los animaban con voces de valor. Pero cuando un jefe caía, era un acontecimiento inesperado; cundía el pá-

---

Flores Salvador. Al Rescate de la civilización perdida. En D+C Nº 4. Berlín. 1992.
[331] Restrepo Vicente (1895) (1972):139

nico, porque dependían absolutamente de sus guías, la superstición se apoderaba del grupo, no podía ser que un *semidiós* cayera, algo andaba mal, los dioses los abandonaban, entonces en su rabiosa impotencia en cambio de avanzar con más fuerza y tesón, aflojaban y retrocedían.

Mientras en lo más áspero del combate «el justo Nemequene» en lujosas andas, animaba a los suyos, otorgándoles fuerza, seguridad, y confianza; en el otro bando igualmente lo hacía el imperioso Quemuenchatocha, en no menos lujosas andas, ambos con gran deseo de encontrarse, pero la confusión sanguinolenta de guerreros vivos, heridos o moribundos, se los impedía.

De pronto, en medio del campo, aparece silbando "quisquiqui", la flecha homicida, con plumas de águila y afiladísima punta de hueso de cóndor, a incrustarse en la tetilla derecha de Nemequene, "el cual sin esperar manos ajenas, el mismo la sacó con ambas suyas, y fue tal el dolor, que dijo luego a los que resguardaban su persona: Amigos yo me siento mal herido, y tan cruel ha sido la herida, que no tengo de vida confianza. Haced en mi venganza como buenos y no vengáis a menos por mi daño, porque si no me engaño, por la muestra, presto tendréis por vuestra la victoria".[332]

No pudo decir más, su rostro se llenó de sufrimiento y su cuerpo se aletargó esperando el fin. Los acompañantes sintieron el mismo dolor y pronto se regó la noticia por todo el campo como una llovizna que a todos salpica al mismo tiempo.

El sol se enrojeció en el ocaso y se cubrió de pesadas nubes y poderosos truenos se desparramaron por el cielo, mientras seguía el encarnizado combate junto al "arroyo de las vueltas", por donde no corría agua, sino roja sangre de los muertos consumidos en su lecho, en su última agonía, mordían el barro sanguinolento, mientras alzaban los brazos y volvían a caer en el seno de guayahischa, la madre tierra.

"Y este rumor acerbo fue corriendo por unos y por otros de tal suerte, que con los sobresaltos aflojaron del ímpetu primero, y ansí Tunja, como reconociese su desmayo, con una y otra carga dio tal prisa, que todos le volvieron las espaldas, y hasta chocontá los fue

---

[332] Castellanos Juan (1601)(1997):1162

siguiendo, de donde se volvió victorioso".[333] En andas llegaron con "el justo" herido de muerte. Lo esperaban con actitud grave y serena los mejores "chyquy" de Bacatá con poderes de curar y detener su agonía. De inmediato hicieron un círculo alrededor del cuerpo del "justo", y comenzaron a danzar a su alrededor invocando la presencia de los espíritus aliados e imploraban el apoyo de nimy, el jaguar, el espíritu guardián del poderoso zipa Nemequene. Durante el ritual, bebieron yajé con tijiqui, en el cuenco sagrado esculpido con dos figuras de serpientes, tocándose en ambos lados, significando que la vida y la muerte van juntas, una al lado de la otra. Iniciaron los tambores el tam tam de la invocación, acompañándose del suave murmullo de las ocarinas y la gravedad de los fotutos. Pasaron las horas, mientras la oscuridad de la luna negra, anunciaba que chia no estaría presente. Así transcurrieron tres días y tres noches. Los chamanes en trance, habían librado un combate delirante, frenético, sublime, en contra de los espíritus malignos que se llevaban a "Fihiza", el alma de Nemequene; jamás se había desplegado tanto esfuerzo y saber para retener su alma. Impotentes vieron la victoria de la muerte y salir para siempre el alma del Justo.

Recuperado de internet: https://www.semana.com/cultura/articulo/la-historia-de-la-gran-necropolis-indigena-encontrada-en-bogota-que-sera-parque-arqueologico/202002/

Compungido el pueblo de Bacata vistió de luto con mantas coloradas y se tiñeron muchos hasta los cabellos, pero solamente los sa-

---

[333] Ibíd. Pág.1162

cerdotes conocían el lugar de la sepultura, la cual tienen secretamente hechas por sus manos desde la misma hora que el cacique entra por heredero del estado, en lugar tan oculto y escondido que ninguna criatura viviente la ve ni sabe de ella. Unas residen en los bosque y espesuras, otras en sierras altas, y otras veces de ríos y lagos las encubren; pero con todo esto la codicia de nuestros españoles las rastrean, y como tengan oro, raras veces pueden asegurarse de sus uñas. Lo que sacan de los muertos, mayormente si son las sepulturas de reyes y caciques principales.[334]

El Zipa[335], el gran legislador, el justo, el poderoso jaguar de oro, el amado Nemequene, yace sobre lujosas esteras cubierto con mantas púrpuras labradas con hilos de oro e incrustaciones de esmeraldas. Todos se despiden con abrazos y besos.

Por última vez observan su rostro tranquilo, plácido, seguro de sí mismo hasta en la muerte: algunos no se quieren desprender de su cuerpo, son las mujeres y súbditos que lo amaron más que sus propias vidas, y desean seguirlo, acompañarlo, compartir esta nueva experiencia. Con fervorosa pasión anunciaron que el Chipa los esperaba para iniciar con ellos el viaje de vuelta al útero de "Guayahischa", la madre tierra.

Los sacerdotes «chyquy» comprendieron la decisión de los dolientes y les dieron «tijiqui», bebida que los sumió en un incierto letargo, propicio para acompañar al difunto. Entonces iniciaron con el cuerpo del zipa y los más afligidos, el viaje al mundo reflejo, donde todo está hecho, donde no hay ninguna necesidad de hacer, porque es el viaje sin retorno, el viaje de la muerte.

---

[334] Ibíd. Pág.1163

[335] Zipa significa "nuestro padre" porque viene de las palabras Chi= nuestro y Paba=padre.

EL MHUYS QA

SU

HISTORIA

Tisquesusa [336]
Poderoso Sol del Boquerón

Estaba dispuesto en la organización social Mhuysqa que el sucesor de Nemequene, debía ser el hijo primogénito de la hermana mayor del zipa, es decir su sobrino, y además, haber recibido en la cuca de chia, una exigente formación acorde con el cargo que iba a heredar. Después de pasar por muchos años de duras pruebas y enseñanzas y haber alcanzado el último peldaño de la educación Mhuysqa. Entre los jefes de Bacatá solo una persona reunía estas condiciones: Tisquesusa. Desde su nacimiento estaba destinado a suceder a Nemequene, aunque el fatal destino le estuviera preparando una emboscada con un triste fin. Los "Guasguaita" maestros conocedores del futuro, sabían que esto podía suceder, extremando las precauciones, circunstancia que no impedía detener su ímpetu guerrero. Desde niño se había destacado por su valor y astucia en los juegos de cacería y lucha simulada. Por esto, era respetado entre los gobernantes y guardaba buenas relaciones con los demás caciques que se habían formado con él y lo habían acompañado en la conquista de Fusagasuga y en la batalla del Arroyo de las Vueltas.

El cronista Juan de Castellanos refiere este hecho así:

"Al fin después de muerto Nemequene, quedo por sucesor en el estado su sobrino llamado Tisquesusa, el cual a la sazón era cacique de Chia, donde dicen que procede el Rey de Bogotá y ansí primero del que goce este señorío, ha de ser el de Chia su principio". Este según oyeron los españoles, representaba bien su persona, alta dispo-

---

[336] Teibquesua es el verdadero nombre del sucesor de Nemequene. Proviene de las palabras Te o Teib= Boquerón; Que= poderoso, fuerte, vigoroso (posible relación con el poder del árbol "Quie") y Sua= Sol. En, Acosta Ortegón (1938):59

sición y gallardía y gravedad de rostro bien compuesto, la dignidad y mando que tenía, sobre los otros reyes desta tierra, cuyos estados aunque les viniesen de juro y heredad, no los gozaba sin que el Bogotá los confirmase y aprobase la nueva elección".

Tisquesusa fue elegido nuevo Zipa de Bacatá en suntuosa ceremonia, y lo primero que hizo fue ratificar en el mando de la Guerra a Sagipa, el jefe militar más destacado en la contienda contra los de Hunza, porque había demostrado tener aptitudes en la dirección de los ejércitos: era un guerrero innato, con las mismas cualidades de su tío Nemequene y además le confió el trabajo de someter a los caciques de Machetá, Tiribita y Sutatensa, tributarios del Zaque Quemuenchatocha, obteniendo abrumadora victoria, preludio de la venganza que preparaba Tisquesusa contra los de Tunja.

Tisquesusa, leal a su tio Nemequene, al que siempre amó, admiró y respetó, estaba decidido a seguir los planes de expansión política de su tío, no tanto por ser sucesor, estaba convencido de la necesidad de imponer en todo el territorio Mhuysqa un gobierno democrático opuesto al teocrático del Hunza.

Para cumplir con este cometido, Tisquesusa había mandado a construir en las proximidades de Cajicá un cercado militar base; llamado Sumongota, para avanzar contra los de Hunza. En esta fortaleza que era la más grande y mejor construida, con gruesos maderos de guayacán y entretejidas cañas bravas y macizas, con tanta fortaleza que era difícil desbaratarlas. Aproximadamente mil setecientos metros de largo y de alto hasta tres tapias (seis metros).

Mientras se hacían los preparativos de guerra se acercaba la época de las siembras próximo al equinoccio de marzo por la llegada de las lluvias. Estando el Zipa Tisquesusa en estos preparativos, soñó que en los baños de Tena, el agua se convertía en sangre. Extrañado por el significado de tan singular imagen, comentó con los chyquy de su corte las posibles interpretaciones. Los más racionales creyeron que se iba a bañar con la sangre de sus enemigos de Tunja, dada la inminente guerra. Solo un sacerdote de Ubaque, intuyó que podría ser en su propia sangre, ante los inusuales mensajes recibidos que anunciaban la llegada de unos extraños extranjeros con inusuales poderes del fuego, el trueno, el rayo y porque su piel estaba como recubierta de plata (armaduras) brillaban con la luz de la luna.

Por esto, el Mhuysqa empezó a llamarlos "suachie" porque parecían ser dioses, hijos del sol y la luna, En "zasca", la prima noche, llegaron mensajeros del norte diciendo que horribles licántropos, mitad bestias, mitad humanos, alcanzaban al Mhuysqa por Chipatá, Lenguazaque y Guachetá. Que no sabían la manera de afrontar a los nuevos invasores, que parecían ser "Guasgua Suatiba", hijos demonios del sol.

Los "FibaTyuquyne"[337], mensajeros del viento, relataron la forma como los "chyquy" de las poblaciones mencionadas, realizaron la ceremonia de la verdad, para conocer la respuesta de los dioses, consistente en hundir nueve granos de maíz en una múcura con agua cristalina recogida en el pozo de la luna. La múcura no pudo resistir las vibraciones que emanaban del destino y se quebró en muchos pedazos. No había duda. Los visitantes eran "guahioques" o demonios enviados por "Suatiba", capitán demonio del Sol.

Luego, los dioses protectores les ordenaron probar "el conjuro del espanto", el de las grandes voces para ahuyentar los malos espíritus. La orden de los dioses fue impartida a todos los guerreros Mhuysqas que pudieran desplazarse a los caminos por donde venían los demonios. Subieron a los cerros y peñascos más altos y con fotutos de oro, tambores de piel de jaguar, de serpiente y de zorro, semillas de árboles mágicos, maderos con fuerza del rayo; todos a una se pusieron a gritar, entonando "el conjuro del espanto" durante varios días y noches al paso de los extranjeros.

Los españoles sin inmutarse y sin miedo, siguieron adelante. A los indios les pareció que la grita no les causaba espanto sino alegría y curiosidad. En efecto, los Mhuysqas ignoraban que los españoles llegaban desde la costa del mar Atlántico, después de una expedición de once meses por las profundas selvas que se abren en medio del río grande de la magdalena, también conocido por los indios con el nombre de guahioque.[338]

Después de sufrir las peores penalidades que un ser humano puede soportar en la selva.

---

[337] Fiba, viento y Tyuquyne, Mensajero. González (1987):278
[338] Apócope de Guahaia = Muerte. González (1987):281 Era el río de la muerte por que los que se atrevían a navegarlo nunca volvían.

Mil Españoles que comenzaron la jornada, solo llegaron ciento ochenta, [339] míseros, flacos, desgarbados y enfermos. A todos los demás, más de ochocientos que salieron de Santa Marta, los consumió el mar, el río, la tierra, las enfermedades, los tigres, osos, caimanes, culebras, aguaceros, destemplanzas, gusanos, hinchazones, hambres, soles, calores intolerables, murciélagos, mosquitos y otras mil tempestades de trabajos que no se pueden contar.[340]

Después del calvario vivido, los españoles andaban muy alegres escuchando la gritería de un pueblo con vida, donde había indios vestidos con mantas, extraña lengua, extraña comida pero deliciosa al paladar. Degustaron por primera vez las "yomas" (papas) a las que llamaron "turmas", por su parecido con los testículos. Saborearon los panes de sal, pudieron abrigarse con mantas de algodón y lo mejor de todo: vieron oro y esmeraldas en las orejas y narices de los indios. Por esto, llamaron a este lugar el "valle de de la grita", y al siguiente "el valle de las turmas".[341]

Chie any mague[342], el caminante de la luna, llegó a Bacata unos días después y refirió a Tisquesusa lo siguiente: "De todas partes sale el Mhuysqa a ver el suceso de los recién llegados. Al paso de los extranjeros, se quema incienso de gaque y pensando que comen carne humana, les ofrecimos, niños y ancianos. Pero los extraños visitantes no prueban carne humana; entonces cambiamos las ofrendas por: Chicha, mantas, venados, frutos, curies y aves. Son bien recibidos con muestras de gratitud y placer; pero lo más sorprendente, es verlos manosear nuestros collares de oro y dijes con esmeraldas, con el mismo deleite que sienten las abejas por el néctar de las flores."

Los extraños seres siguieron al pueblo de Suesca,[343] donde los indios Guacamayos, hábiles en ardides y trampas los esperaban con inmensa curiosidad. Tibasuesca, "capitán del cercado de los guacamayos", salió a recibirlos con presentes de comida, oro y esmeraldas

---

[339] Simón (1981) Tomo III: Pág.149 informa que eran 166, pero investigaciones posteriores confirmaron que arribaron al valle de la grita 180 hombres. Avellaneda Navas José Ignacio (1995) : 39

[340] Simón (1981) Tomo III: Pág.149

[341] Ibíd. Pág.150

[342] "Chie", Luna y "Any Mague", caminante, viajero, andador. Uricoechea (1871):111

[343] "Sue", significaba ave guacamayo y "Ca", cercado.

y mientras los atendía con abnegado interés, observó el número de extraños y fieras amarradas que gruñían mostrando feroces colmillos.

Alrededor del cercado se distinguían las tierras labradas con papas de flores moradas, el verde jade del maíz, contrastando con las amarillas mazorcas, el verde tierno de los ollucos en contraste con la grana preciosa de la quinua, maravillosa gramínea que vestía los campos chibchas con su regio manto carmesí, alimento, medicina, y detergente pues su jugo lo utilizaban para blanquear las mantas.[344]

Más allá descendiendo por los cerros de Suesca, se divisaba el imponente río Bunza o Bogotá formando cantidad de humedales, canales y lagunas, los pescadores recogían cangrejos, peces lisos de piel oscura con bigotes y caracoles comestibles. Seguidamente llegó otro mensajero de los guacamayos a donde Tisquesusa y refirió así los últimos sucesos:

"El "Suachi" es frágil, peludo, débil y enfermo. Son nueve veces veinte. Ellos han probado ser como nosotros de vida y muerte y también sus licántropos (caballos) viven y mueren solo que son más grandes que nuestros venados y los licántropos pequeños (perros) tienen fauces de puma y garras de tigre. Son fieras capaces de matarnos despedazando nuestras entrañas y comiendo nuestros miembros.

Los hijos del sol tienen el poder del rayo y del trueno, pelean con poderosas tamysaquis (macanas) delgadas como un rayo de luz y recubren sus cuerpos con pieles de luna y brillantes al sol, donde no penetran nuestras flechas y rebotan nuestras lanzas.

Prosiguió el mensajero, relatando a Tisquesusa: "El licántropo no es uno mismo, sino dos cuerpos diferentes, un animal grande con cuatro patas, parecido a un venado y lo otro que parecía ser el mismo cuerpo, es un "Suachie" con figura humana, que se monta encima. Además mueren como nosotros, pues aquí murió un venado grande (yegua) y más tarde, tras un extraño ritual entre ellos, asfixiaron a un suachie, mientras el afligido suachie antes de llegar al suplicio gritaba y vociferaba en una lengua abrupta, ruidosa e ininteligible".[345]

---

[344] Lilia Montaña de silva Celis (1970):Pág.94. Mitos leyendas y folclor del lago de Tota. U.P.T Editorial la Rana y el Águila. Tunja.

[345] Se trata de la muerte de una yegua en Suesca y del ajusticiamiento del soldado Juan Gordo por tomar unas mantas y esmeraldas que no le pertenecían del botín de guerra, y aquí fue donde Gonzalo Jiménez de Quesada sentó un precedente de autoridad, demos-

Tisquesusa dijo según la palabra de Simón:

"Pues como vosotros que me tomáis y traéis las aves que vuelan por esos aires y tenéis maña para coger los venados que con tanta velocidad casi vuelan por la tierra y tomándolos a las manos me los traéis a las mías vivos para que yo haga lo que quisiere de ellos, y no se escapan de vuestras redes otros feroces animales que por los montes y cavernas se crían para usar dellos a vuestro albedrío, y que a innumerables enemigos que se han rebelado contra el imperio, habéis desbaratado, muerto y cautivado, poniéndolos en la esclavitud, de que son buenos testigos los esclavos que tenemos de tan diversas naciones de nuestros enemigos, no habéis de ser ahora para traer presos y sujetos a mi señorío un poco de hombres que atrevidamente se entran por mis tierras y las vuestras, sin que hallen quien les haga resistencia".[346]

Mando Tisquesusa reunir los mejores Uzaques y Guechas para ir con él a prender a los extranjeros que tan alevosamente ingresaban al territorio, sin cumplir con las formalidades que se acostumbraba entre los pueblos que se merecían respeto. Le pareció que con seiscientos hombres bastaba para oponerse a un puñado de nueve veces veinte (180) suachies[347]. Después de realizar los rituales acostumbrados, en tiempos de "Saba" la guerra Mhuysqa, comenzó y se fueron a intentar detener a los invasores por la ruta que de Suesca conducía a Nemocón.

Mientras tanto, Teibquesua, poderoso sol del boquerón, se enteró de la derrota de Quemuenchatocha, Ubsaque de Hunza, del Tundama y la destrucción del templo de Suamox. Aunque el Mhuysqa del Norte era su rival, sintió pesar por la suerte de los pueblos hermanos, condenados a la servidumbre y se preparó para una cruenta guerra en

---

trando que podía dar muerte a cualquiera de sus soldados.

[346] Simón (1981) Tomo III: Pág.180. Estas son las palabras que el cronista Fray Pedro Simón pone en boca de tisquesusa, resaltando la esclavitud de los vencidos, costumbre que no tenían los mhuysqas, según anota Juan Friede para esta edición (Nota 2.Pág.182). En la edición de (1953) se encuentra en el tomo I. Pág.289.

[347] El sistema numérico de los mhuysqas llegaba hasta veinte por los diez dedos de las manos y diez dedos de los pies. En adelante, cuentan con múltiplos de veinte hasta la cantidad que fuera. Los números además de representar una cantidad designaba un suceso o situación mágica. Duquesne (1795):298

los campos de Bacatá. Confiado en la seguridad que le otorga la costumbre milenaria del nativo que, en sucesivas generaciones, ha formado su identidad y sentimiento de pertenencia con el pueblo y el lugar que lo vio nacer. Sabe que lo único que posee realmente, es el valor de sus "Guechas Fuchafibas", guerreros del arcoiris, enardecidos contra los invasores que pretenden expulsarlos de su tierra y privarlos de su preciada libertad.

Durante los enfrentamientos contra los Suachies, Tisquesusa se desplazaba a los sitios sagrados que tenía por el norte; en Tabio (parcelas de dios), donde había una fuente de aguas termales rodeada de palmeras y nogales. A la vecina Chía, donde tenían la gruta de la Cuca, en una cueva con inmensas galerías subterráneas, junto a la entrada donde brotaba tíquiza, el manantial de purísima agua cristalina, utilizada para abluciones, y rituales de purificación.

Por el occidente, donde se encontraban las grandes piedras de facatatiba; la capitanía que cuida los campos y parcelas de afuera a los campos de Bojacá y a la laguna de Tena, —palabra que el monje anónimo la tradujo con el significado de iglesia—, deduciendo que lo que el monje trato de traducir de la palabra "Tena" al español, era el de un lugar similar a una Iglesia, santuario o templo de oración, que los Españoles confundieron con "casas de placer." Tena, también significaba detrás del boquerón y "Tena Guaza", detrás del boquerón de los cerros de la noche. Parte que los españoles empezaron a llamar "Casa del Monte".[348] A este paraje decidió trasladarse Tisquesusa por estar más cerca de Bojacá y Facatativa, y tener acorralados a los Españoles SuaChies, apostados en Funza.

En efecto, diseñó un plan de ataque que no permitía a los españoles ningún momento de reposo. El cronista Pedro Aguado relata así estos instantes: "Tenían continuamente cercado el alojamiento de los españoles, haciéndole continuos acometimientos, de tal suerte, que le fue forzado al general, dividir la gente que consigo tenía en tres tercios o escuadrones, para que por su orden peleasen, teniendo repartidos entre sí, el tiempo del día y de la noche; y verdaderamente tuvieron desta vez, puestos en grande riesgo, los indios a los españoles, porque además de ser ellos de más cantidad, favorecíales el sitio en

---

[348] Tena, Dentro de la Iglesia. González (1986):231

que se recogían, que eran unos lagos y pantanos hechos de las inundaciones del río Bogotá, en medio del cual había ciertas islas donde los indios se recogían y desde allí salían a acometer a los españoles. Los de a caballo que era los que desbarataban a los indios y los seguían, no osaban entrar tras de ellos por el lago, porque los caballos no se sumiesen en el cieno y fueran muertos".[349]

La guerra era incierta y de seguir así los españoles perderían su vida, sino es porque su estilo militar los condujo a planear una estrategia eficaz, que puso finalmente en gran desventaja a los guerreros guechas del sol del boquerón. Sin duda, los soldados suachies en los años de experiencia que tenían en la lucha contra los nativos de América, comprobaron en muchos combates que los guerreros indios dependían exageradamente de sus jefes. Ellos eran el estandarte, la fuerza, la voz de aliento que los mantenía firmes en la confrontación.[350] Siguiendo este plan, fingieron estar derrotados y ser la victoria de los indios, a fin de aislarlos del lago y terrenos pantanosos, y juntamente con esto se propusieron de no herir en la canalla de la gente común, sino en aquellas personas señaladas en sus trajes y hábitos que parecían ser capitanes principales".[351] Los indios cayeron en la trampa y dejaron que los españoles los llevaran muy lejos de sus refugios naturales, de modo que cuando estos se devolvieron ya era muy tarde para alcanzar los pantanos y fue cuando los españoles se dedicaron a herir, matar y cercenar a los principales, y a la demás personas la dejaron ir.

Los españoles pudieron evidenciar el éxito de su estrategia al observar la desesperación de los guerreros guechas lamentándose por la muerte de sus amados jefes. "Y faltándoles como les faltaba las cabezas y capitanes, diéronse a huir desamparando de todo punto aquellos sitios, donde tanto tiempo se habían defendido; y así fueron ahuyentados y echados de allí de tal manera que nunca tan presto volvieron a dar grita".[352]

---

[349] Aguado Pedro. ( ) (1916): 324,325

[350] El jefe militar mhuysqa de más alto rango era el Ubsaque que proviene de las palabras "Ubsa", debajo y "Que" apócope de Quyne, poder, significando "poder de abajo" o mejor, el que sostiene en la base o en el piso la fuerza de los guerreros.

[351] Aguado Pedro. ( ) (1916): 325,326.

[352] Ibíd. Pág. 326

La estrategia de muerte selectiva contra los principales jefes indios facilitó la conquista del Mhuysqa. Siendo los jeques (tchiki) los sacerdotes chibchas y los sostenedores de creencias, fueron los perseguidos por los conquistadores dominados por el espíritu religionario de la época, y por los frailes, los primeros que perecieron llevando consigo al desaparecer de toda la nación".[353]

En el fragor de la guerra, los españoles tomaron dos prisioneros, eligiendo a uno de ellos para torturarlo en presencia del otro, con el fin de obligarlos a decir el paradero del gran Tisquesusa. A poco de acabarse el combate, comenzaron a torturarlos. Esta costumbre guerrera, daba buen resultado, pues el prisionero, que observaba la crueldad, el dolor y la muerte de su compañero, aceptó tiritando de miedo llevar a los españoles al campamento de Tisquesusa.

El Guerrero Español sabe que no puede dilatar la oportunidad. Aunque la tropa está cansada y es medianoche, no impide al general Quesada, ordenar la inmediata partida para eliminar por sorpresa al único Jefe Mhuysqa que se resiste a su dominación. Mientras tanto, en el santuario de Tenaguaza, todo es lamentación, tristeza y llanto por la pérdida de sus jefes. Las mujeres quieren la paz. Todo es preferible a seguir soportando la pérdida de sus mejores hombres. En esta guerra de conquista; es decir, de agresión contra un pueblo de agricultores y orfebres, se habían sacrificado los más esclarecidos exponentes de la cultura Mhuysqa. Como en toda guerra que no se desea. El Mhuysqa se sentía atrapado por una fuerza inexorable del destino, víctima de la prepotencia de unos extranjeros que llegaban del mar a dominarlos, oprimirlos y tal vez exterminarlos, como sucedió después a lo largo de tres siglos.

Tisquesusa y los jefes que lo apoyaban en este instante crucial de su vida, no sospechan, ni siquiera piensan o imaginan que los enemigos puedan aparecer en su refugio. Aún no saben con certeza quienes han muerto y quienes han caído en manos del Suachie.

En la huida el Mhuysqa se protege en muchos lugares distintos del sitio donde se encuentra el zipa. Sin embargo, han comprendido la táctica de guerra de los suachies. Quieren eliminarlos selectivamente,

---

[353] Uricoechea Ezequiel. Gramática de la lengua chibcha. Pág. XXII. Citado por Mariana Escriban. (2005):64.

empezando por los jefes principales distinguidos por su vistoso atuendo. Hecho que los motiva a vestirse con mantas blancas, sin dibujos, ni atuendos, sin plumas, ni collares de oro. Todos iguales para engañar al Suachie.

Tisquesusa no desea hacer la paz, porque ello significaría entregar su tierra y su vida. Aceptar la sumisión, las ofensas, las torturas, los castigos, la aniquilación de sus dioses y ancestros, la destrucción de sus bosques, de "ainsuca" el canto de las aves, la desecación de sus lagunas sagradas, la exterminación de "quihica" el venado, de "nimy" el jaguar, de "muysu" la serpiente, de "tigua" el águila. De la vida que brota en los cerros, del Mhuysqa, que es la misma naturaleza.

En estas cavilaciones permanecieron mucho tiempo mientras las horas pasaban lentamente, acompañadas del croar de las ranas, la estridencia de las chicharras y el paso furtivo de las luciérnagas. El sueño como una neblina, en noche, sin luna, se extendió por todo el campamento de tenaguaza. Amanecía cuando escucharon un tropel de voces, ladridos y cascos retumbando sobre la tierra, como una cascada que se rompe de pronto entre un salto de rocas. De súbito, todo fue una gritería. Cata, cata, cata, trampa, trampa, trampa, gritaban los chibchas y, muerte, muerte, muerte, gritaban los españoles. Agregando ¡Pardiez, no dejéis a ninguno vivo!

Junto a la tienda de Tisquesusa se reunieron como pudieron los Uzaques y guerreros Guechas dispuestos a dar su vida por el Zipa. ¡Achisuca! ¡Achisuca! ¡Esconderse! ¡Esconderse!, le gritaban al zipa que salía presuroso a enfrentar a los intrusos; Pero, rodeado por los miembros de su séquito, lo persuadieron de la necesidad de salir, de huir de los demonios.

Habían avanzado algunos metros cuando el soldado Alonso Domínguez, viendo el cerco defensivo que se organizaba en torno a un solo hombre, sin saber que se trataba del Zipa, apuntó con su ballesta y "Jara", la saeta española, voló, atravesó el tumulto y se clavó en el corazón del gran Tisquesusa.

El disparo fue tan certero que el Zipa no tuvo tiempo de evitar la opresión de su muerte. Rápidamente, fue trasladado a las espesuras del bosque que rodeaba el santuario de Tena. Puesto en lugar seguro, después de las ceremonias fúnebres acostumbradas para honrar el paso de la vida a la muerte, se dispuso que su entierro se debía realizar en la tumba preparada desde su nacimiento, en el santuario de Teubsacá, un lugar secreto ubicado en el boquerón del Vicacha, donde yace enterrado con el tesoro de la cultura Mhuysqa, sin que hasta el momento nadie lo haya encontrado, y por esto, nadie ha profanado su tumba.

Recuperado de internet
https://es.wikiloc.com/rutas/senderismo/colombia/cundinamarca/boqueron.

Teibquesua, el poderoso sol del boquerón, descendiente legítimo del astro, intermediario en la tierra del dios sol, epicentro del poder político y religioso del Mhuysqa, garante de la estabilidad cósmica y de la reproducción de la sociedad en su relación con la naturaleza, ha muerto. El impacto de este suceso dio un golpe mortal al frágil corazón que sostenía la resistencia de la sociedad Mhuysqa. Su muerte desencadenó un reordenamiento en la orientación del poder, que para este momento se encontraba dividido entre los que deseaban hacer las paces con los españoles y los que se mantenían firmes en la decisión de expulsarlos de sus tierras.

Mientras se elige al sucesor, se mantiene en secreto la muerte del Zipa. Aquí, surgen varias hipótesis que se mueven dentro de las posibilidades históricas: La primera tiene que ver con la muerte de Tisquesusa en Tenaguaza uno de los santuarios naturales más importantes de los Mhuysqas de Bacata y su entierro realizado en Teubsacá llamado por los españoles teusaquillo, en una tumba oculta debajo del río Vicachá por desviación de su cauce, como era su costumbre. En este punto los cronistas no se ponen de acuerdo en el lugar donde fue sorprendido y muerto Tisquesusa y tampoco en el lugar de su entierro, misterio que aún perdura hasta nuestros días porque nadie ha podido encontrar su tumba. [354] La Casa del Monte. [355]

Aquel nombre designado por los cronistas para indicar el sitio-donde se encontraba Tisquesusa, y sus guechas fuchafibas o guerreros del arcoíris, era imposible. No hay acuerdo en su ubicación exacta, algunos dicen que estaba en el cercado de las grandes piedras ubicado en Facatativa y otros en Teusacá. Es posible que se encontrara en Teusacá como afirma Don Carlos Martínez[356].

Los cronistas no hablan de grandes piedras cuando fue sorprendido Tisquesusa. Fray Pedro Simón dice: "Huyeron por las espesuras de los montes, que no estaban lejos, donde había otros muchos indios

---

[354] Friede Juan (1960):188; En la relación de la conquista, escrita por los capitanes Juan de San Martín y Antonio Lebrija (1539) ubican el campamento de tisquesusa a tres leguas de la sabana, pero sin referir el lugar. Pedro Simón (1625) (1953) Tomo II:104 y Pedro Aguado (1916):327; son del parecer de que su muerte ocurrió en Tena anteriormente conocida con el nombre de Tenaguaza. Lucas Fernández de Piedrahita (1942) Tomo II: 72; opina que fue cerca a Facatativá; Juan Rodríguez Freile (1990):51,52 vacila entre Tena y el "cercado grande del santuario" que ubica en Teusaquillo y, entre los más recientes historiadores que han trabajado el tema se pueden consultar a: José Pérez de Barradas (1950): Tomo I: 402,403; Vicente Restrepo (1972):251; Francois Correa Rubio (2004):172,173. Quienes no se alejan de las opiniones de los cronistas.

[355] "La casa del monte" en: Fray Pedro Aguado. 1916. Historia de Santa Marta y Nuevo Reino de Granada. Tomo I. Madrid...Pág.327. Fray Pedro Simón. 1891. Noticias Historiales de la conquista de tierra firme en las indias occidentales. Segunda parte. Vol. II. Casa Editorial de Medardo Rivas. Bogotá. Pág.208; refiriéndose al mismo sitio dice: "huyeron por las espesuras de los montes, que no estaban lejos, donde había otros muchos indios que la habían tomado por sus moradas...", Juan Friede en: los chibchas bajo la dominación española Op.Cit pág.187, identifica el lugar con el mismo nombre:"La casa del monte" y la ubica cerca de Chia pero no dice en qué dirección. Silvia M. Broadvent. La fundación de Santa Fe. Rectificaciones a rectificaciones. En Boletín de historia y antigüedades. N° 762. Vol. 75. Jul-Ago- Sep 1988.Pág.578, siguiendo a: Simón, Oviedo y Aguado, designa con el mismo nombre al lugar donde se encontraba Tisquesusa, y finalmente: Carlos Martínez.1983. Bogotá. Sinopsis sobre su evolución urbana. Editorial Escala. Pág.19 la ubica en el chorro de Quevedo y sus inmediaciones, en el barrio de la Candelaria, que en tiempos de la Colonia y principio de la República se llamó "pueblo Viejo". (ver mapa de localización. Pág. 19

[356]Carlos Martínez.1983. Bogotá. Sinopsis sobre su evolución urbana. Op.Cit. Pág.19

que la habían tomado por su morada". [357] Y, Pérez de Barradas [358] citando a Fernández de Oviedo apunta: "Está junto a un monte muy lleno de muchos animales, en especial de venados". El padre Aguado también la menciona, pero no da detalle, debido a que los indios los engañaron repetidas veces, sobre todo a Quesada cuando salió en su búsqueda.

Se descarta la posibilidad que estuviera ubicada en Teusaquillo, como lo afirma Rodríguez Freile y se inclina por Tenaguaza llamada por ellos "Tena" como lo afirma Simón: "Donde los caciques bogotaes tenían sus baños y entretenimientos del año, con toda su casa y mujeres". Sin embargo, nosotros verificamos el relato de Fray Pedro Aguado, donde dice que los españoles, caminaron toda la noche hacia la casa del monte donde el Bogotá estaba recogido y antes que fuese de día llegaron a ella y la asaltaron.[359] Después del choque y matanza de indios donde cayó herido Tisquesusa, al parecer no encontraron mucho *oro,* Quesada ordenó retirarse, y mientras los indios los seguían, bajaron al llano, donde los caballos pudieron ser más rápidos y señores del campo, de modo que echaron de sí, aquella multitud que los seguían".[360] Asimismo no muy cerca de Bacatá caminaron toda la noche. En el momento de escoger el lugar de fundación, la casa del monte, ubicada en Teusacá, los españoles observaron la inconsistencia que los llevo a ubicar en nuestra historia la casa del monte en «Tena» o Tenaguaza que significa: "Noche del cerro debajo del boquerón", junto a la laguna, que hoy se la conoce con el nombre de Pedro Palo.

Es así como termina este viaje en los caminos del Mhuysqa, reviviendo una vez más los sucesos de un pasado y una identidad que se resiste desaparecer. Tenemos una gran responsabilidad con el medioambiente y con las comunidades indígenas. Espero que esta investigación, pueda darnos una visión un poco más clara y eficaz de la importancia de este tema en común, no solo en nuestro país, sino en

---

[357] Fray Pedro Simón. 1891. Op.Cit .Pág.208

[358] Pérez de Barradas José.1950.Pueblos indígenas de Colombia. Los Muiscas antes de la conquista. Tomo I. Madrid. Pág.402-403.

[359] Fray Pedro Aguado. 1916. Historia de Santa Marta y Nuevo Reino de Granada. Tomo I. Madrid..Pág.327

[360] Ibíd. Pág.328.

el mundo entero. Por otra parte, tenemos lugares asombrosos, en nuestro país que debemos visitar: Caño Cristales, El Desierto de la Tatacoa, Parque Nacional Natural Tayrona, El Cabo de la Vela, Parque Nacional Natural, El Tuparro, y por supuesto los Cerros Orientales en la ciudad de Bogotá. No hay que ir demasiado lejos, pueden ver que aquí están, presentes, esperándolos para tener una experiencia con el pasado y el presente.

Actualmente, a Colombia le pertenece aproximadamente el 50 % de los páramos del mundo: el Sumapaz, Chingaza, Páramo de Ocetá, Páramo El Verjón, Páramo de Santurbán, Parque Nacional Natural el Cocuy, y el Páramo de Pisba, los cuales ocupan el 2,5 % de la superficie total del país.

Para finalizar, debemos cuidar y proteger nuestro planeta, el medio ambiente y las comunidades indígenas, (disculpa ser tan reiterativo), pero, es de vital importancia, no solo para nosotros, sino para el mundo entero, solo así, contribuiremos en el desarrollo de nuestra sociedad, «la diversidad biológica», dejando así, un legado cultural, donde puedan vivir en paz, nuestros seres queridos y las futuras generaciones.

Hasta pronto.

Recuperado de internet: https://elhablador.net/familias-muisca-son-propietarias-de-sus-tierras-en-cota/

Referencias

ACOSTA, ORTEGÓN, Joaquín. (1938) El idioma chibcha aborigen de Cundinamarca. Imprenta del Departamento. Bogotá.

ACOSTA, Joaquín (1971) Historia de la Nueva Granada .Bedout. Medellín. 1971

AGUADO, Fray Pedro (1916) Historia de Santa Marta y Nuevo Reino de Granada. Prólogo notas y comentarios de Jerónimo Becker. Tomo I. Madrid.

-ANCIZAR, Manuel (1984) Peregrinación de Alpha. Banco Popular. Bogotá.

ARIZA, ALBERTO. O.P (1976) Sitio de la Fundación de Santafe de Bogotá y Don Gonzalo Jiménez de Quesada. Editorial J.C.B. Bogotá.

ALCALDIA MAYOR DE BOGOTA (2003).Ríos no caños. Sistema hídrico de Bogotá. www.acueductodebogota.com.co; www.riosenbogota.org

-ARDILA, Gerardo Ignacio (1984) Chia: Un sitio precerámico en la sabana de Bogotá. Fundación de Investigaciones Arqueológicas Nacionales y Banco de la República.

ARGÜELLO GARCÍA, Pedro María (2000) Historia de la investigación del arte rupestre en Colombia. En: rupestreweb.com .arguellopmag@hotmail.com

AVELLANEDA, Navas José Ignacio (1995) La expedición de Gonzalo Jiménez de Quesada al mar del sur y la creación del Nuevo Reino de Granada. University of Florida. Banco de la República. Bogotá.

BANCO DE LA REPUBLICA. (1973) El Dorado. Edición numerada de 1 a 100 del cincuentenario 1923-1973. Impreso en litografía Arco. Bogota.

BOLÍVAR, Simón (1819/1971) Escritos políticos. Alianza Editorial. Segunda Edición. Madrid.

-BOTERO, Clara Isabel (2006) El redescubrimiento del pasado prehispánico de Colombia: viajeros, arqueólogos y coleccionistas 1820-1945. Universidad de los Andes-ICAH-CESO. Bogotá.

BOTIVA CONTRERAS, Álvaro. (2000) Arte rupestre en Cundinamarca: Patrimonio cultural de la nación. Gobernación de Cundinamarca. ICANH. Fondo mixto para la promoción de la cultura y las artes de Cundinamarca. Bogotá.

BRIEVA, BUSTILLO, Eduardo (1985) Introducción a la Astronomía. Universidad Nacional de Colombia. Bogotá.

CABALLERO, Beatriz (1987) El santuario de la Peña. En Boletín Cultural y Bibliográfico. Volumen XXIV. Número 11. Bogotá.

CACCIAGUERRA, Angele Marie (1994) ABC de la Geomancia: El vaticinio de la tierra. Editorial Tinkal. Madrid.

CARDALE de Schrimpff. El arte del tejido en el país de Guane. Banco de la República. Academia de historia de Santander. Museo casa de Bolívar. Sin fecha.

CARRIZOSA, Julio (1985) Los nueve ríos. En, El Río Bogotá. Villegas Editores. Bogotá.

CARRASQUILLA BOTERO, Juan (1989) Quintas y estancias de Santa Fe de Bogotá. Banco Popular. Editorial Presencia. Bogotá.

CAR (1983) Flora de los Andes. Cien especies del altiplano Cundí Boyacense. Eduardo Plata Rodríguez, José Olimpo Rodríguez Riaño, José Rafael Peña Segrera. Edición conmemorativa del bicentenario de la Expedición Botánica. CAR. Bogotá.

CARLYLE, Thomas. (1967) Los Héroes. Editorial Bruguera. Barcelona-España.

CASILAMAS, Rojas Clara Inés.2001. Juntas, borracheras y obsequias en el cercado de Ubaque. Proceso seguido al cacique de Ubaque. En Boletín del museo del oro. N°49.JulDic.2001.www.banrep.gov.co/museo/esp/boletin/49/casilam as.htm

CASTELLANOS, Juan (1601) (1997) Elegías de varones ilustres de Indias. Instituto universitario Juan de Castellanos-Tunja. Fundación para la investigación y la cultura, FICA-Cali. Primera edición. Bogotá.

CIRLOT, Juan Eduardo (1958) (2002) Diccionario de símbolos. Sexta edición. Siruela. Barcelona.

Referencias

CORREA CORREA, Javier (2002) Los muiscas del siglo XXI en Chia. El resguardo indígena de Fonquetá y Cerca de Piedra. Secretaria de cultura de Cundinamarca y Alcaldía popular de Chia

CREDENCIAL HISTORIA, Revista N° 133 (2001) Atlas histórico de Bogotá. De Santafe a Bogotá: el crecimiento de la ciudad en sus mapas e imágenes. Por: Ricardo Rivadeneira Velásquez. Edición N° 133.Bogotá. Enero. 2001.

CORTES, Moreno, Emilia. (1990) Mantas Muiscas. Boletín N° 27. Museo del Oro. Bogotá abril-junio de 1990.Pág.61

CORREAL, U.G - VAN DER HAMMEN, T. (1977). Investigaciones arqueológicas en los abrigos rocosos del tequendama: 12.000 años de historia del hombre y su medio ambiente en la altiplanicie de Bogotá. Biblioteca del Banco Popular. Bogotá.

CORREAL URREGO, Gonzalo (1979) Investigaciones arqueológicas en los abrigos rocosos de Nemocon y Suesca. FIAN-Banco de la República. Bogotá

CORREAL URREGO, Gonzalo. (1990) AGUAZUQUE: Evidencias de cazadores recolectores y plantadores en la altiplanicie de la cordillera oriental. Fundación de Investigaciones Arqueológicas Nacionales y Banco de la República. Bogotá.

CORREA RUBIO, Francois (2004) El Sol del Poder: Simbología y política entre los Muiscas del Norte de los Andes. Colección Sede Universidad Nacional. Bogotá.

CHAUMEIL, Jean Pierre. Et.al. (2005) Chamanismo y sacrificio. Perspectivas arqueológicas y etnológicas en sociedades indígenas de América del sur. Fundación de investigaciones arqueológicas Nacionales. Banco de la República. Instituto francés de estudios Andinos. Bogotá.

DAMA (1997) Cerros, humedales y áreas rurales. Eduardo Uribe Botero, Jacqueline Osorio Olarte, Luís Fernando Molina Prieto. DAMA. Santa Fe de Bogotá.

DAMA (1998) Las flores de los jardines de Santa Fe de Bogotá. Eduardo Uribe Botero, Jacqueline Osorio Olarte, Luís Fernando Molina Prieto. DAMA. Santa Fe de Bogotá.

DAMA (1995) Guía de Aves de Santa Fe de Bogotá. Jacqueline Osorio Olarte, Luís Fernando Molina Prieto. DAMA. Santa Fe de Bogotá.

DE SAN MARTÍN, Juan y Antonio Lebrija (1539) (1960) Relación sobre la conquista del Nuevo Reino de Granada. En Descubrimiento del Nuevo Reino de Granada y Fundación de Bogotá. Por Juan Friede. (1536-1539) Según documentos del archivo general de

Indias-Sevilla. Banco de la República. Bogotá.

DE SILVA CELIS, Lilia Montaña. (1970) Mitos, leyendas, tradiciones y folclor del lago de tota. Universidad tecnológica y pedagógica de Colombia. Editorial la rana y el águila. Tunja.

DE ZUBIRIA, Roberto (1982) La Medicina en la Cultura Muisca. Universidad Nacional. Bogotá.

De ERCILLA Y ZÚÑIGA, Alonso (1569) (1998) La Araucana. Segunda edición de Isaías Lerner. Cátedra. Madrid.

DEVEREUX, Paúl. (1993) La memoria de la tierra. Ediciones Martínez Roca. Barcelona.

D´OLWER, Luís Nicolau (1963) Cronistas de las culturas precolombinas. Antología. Fondo de Cultura Económica. México.

DUQUESNE DE LA MADRID, José Domingo (1795) Disertación sobre el origen del calendario y jeroglíficos de los moscas. Bogotá. Publicado por Don Liborio Zerda en Papel periódico ilustrado N° 67, año III, entre mayo 15 y junio de 1884. Y Zerda Liborio. (1972) El Dorado.Tomo I. Biblioteca Banco Popular.Bogotá.

ESCRIBANO, Mariana. (2000) Cinco mitos de la literatura oral Mhuysqa o chibcha. Semper Ediciones. Bogotá.

ESCRIBANO, Mariana. (2002) Investigaciones semiológicas sobre la lengua Mhuysqa. Descifrado de los números del calendario lunar. Antares Impresores. Bogotá.

ESCRIBANO, Mariana. (2005) La simbólica del paleotegría Mhuysqa. El mensaje de la lengua báculo. Impreso Produmedios. Bogotá.

ESCRIBANO, Mariana. (2007) El gran sumbolon Mhuysqa. Impreso en Visión Digital. Bogotá.

FALCHETTI, Ana maría. (1993)La tierra del oro y del cobre: Parentesco e intercambio entre comunidades orfebres del norte de Colombia y áreas relacionadas. En Boletín del Museo del Oro. N° 34-35. Banco de la República. Bogotá.

FERNANDEZ, Piedrahita, Lucas (1942) Historia General del Nuevo Reino de Granada. Biblioteca Popular de Cultura Colombiana. MEN. Ed. ABC. Bogotá.

FRIEDE, Juan (1960) Descubrimiento del Nuevo Reino de Granada y Fundación de Bogotá. Según documentos del Archivo General de Indias-Sevilla. Publicación del Banco de la República. Bogotá.

FREGTMAN, Carlos (1985).El Tao de la música. Editorial. Estaciones. Buenos Aires.

- GALINDO, Luís (1995) De Bochica a Quetzalcoalt. Litográficas Calidad.Bogotá.

GÓMEZ, Picon Rafael (1968) Orinoco río de libertad y El río Meta: Futuro camino entre Paris y Bogotá. Separata del Boletín de la sociedad Geográfica de Colombia. Vol. XXVI, Nº 100. Bogotá.

GONZALEZ DE PEREZ, María Stella. (1987) Diccionario y gramática chibcha: Trascripción y estudio histórico-analítico. Manuscrito anónimo de la Biblioteca Nacional de Colombia. Instituto Caro y Cuervo. Bogotá.

GONZALEZ DE PEREZ, María Stella. (1996) Los sacerdotes muiscas y la paleontología lingüística. Revista Museo del Oro Nº 40. Banco de la República. Bogotá.

GROOT De Mahecha, Ana María (1992) Checua una secuencia cultural entre 8.500 y 3.000 años antes del presente. FIAN – Banco de la República. Santa fe de Bogotá.

GORDON, Brotherston (1997) La América indígena en su literatura: Los libros del cuarto mundo. Fondo dc Cultura Económica.

HETTNER, Alfredo (1892) (1966) La cordillera de Bogotá. Resultados de Viajes y estudios. Versión castellana de Ernesto Guhl. Banco de la República. Bogotá.

IBÁÑEZ, Pedro María (1891) Crónicas de Bogotá y sus inmediaciones. Imprenta de la Luz. Bogotá.

ISAACS, Jorge (1884) (1967) Las tribus indígenas del magdalena. Biblioteca Schering Corporation U.S.A de cultura Colombiana realizada para el honorable cuerpo médico con motivo del primer centenario de la publicación de Maria en junio de 1867.

JUARISTI, Jon. (2001) El bosque originario. Genealogías míticas de los pueblos de Europa. Grupo Santillana de ediciones. Impreso en España.

JIMENEZ DE QUESADA, Gonzalo. (1548)(1979) Epítome de la conquista del Nuevo Reino de Granada. Boletín Cultural y Bibliográfico. Volumen XVI. Nº 3. Marzo de 1979

LANGEBAEK, Carl Henrik. (1987) Los Muiscas: Mercados, poblamiento e integración étnica. Banco de la República. Bogotá.

LEGAST, Anne (2000) La figura serpentiforme en la iconografía Muisca. Boletín Museo de Oro. Nº 46. www.banrep.gov.co/museo/Boletin

LONGANESI, Caterina (Coordinadora) (1986) Europa prehistórica y antigua. Ediciones SM. Madrid.

LONDOÑO. Eduardo (1996) El lugar de la religión en la organización social Muisca. Boletín Museo del Oro. Nº 40. Bogotá.

LÓNDOÑO. Eduardo (1994) Los Muiscas en las crónicas y

los archivos. Revista colombiana de Antropología. Vol. XXXI.

LONDOÑO. Eduardo (1989) Santuarios, santillos, tunjos: objetos votivos de los muiscas en el siglo XVI. Boletín Museo del Oro. Nº 25. Bogotá.

LONDOÑO. Eduardo (1992) Guerras y fronteras: los límites territoriales del dominio prehispánico de Tunja. Boletín Museo del Oro. Nº 32-33. Bogotá.

LLANO RESTREPO, María Clara y Marcela Campuzano Cifuentes. (1994) La chicha una bebida fermentada a través de la historia. ICANH-Colcultura-CEREC. Bogotá.

LLERAS, Pérez Roberto (2000) La geografía del género en las figuras votivas de la cordillera oriental. Museo del Oro. Banco de la República.

LLERAS, Pérez Roberto (1996) Las estructuras de pensamiento dual en el ámbito de las sociedades indígenas de los Andes Orientales. Boletín Museo del Oro. Nº 40

LLERAS, Pérez Roberto (1995) Diferentes oleadas de poblamiento en la prehistoria tardía de los Andes Orientales. Boletín Museo del Oro. Nº 38-39

MACNISH, Thomas M. (2004) Las aves de los humedales de la Sabana de Bogotá. Impresión Unión Gráfica Ltda. Bogotá.

MARTÍN, Carlos (1986): Hispanoamérica mito y surrealismo. Nueva biblioteca Colombiana de cultura. Procultura. Presidencia de la República. Bogota.

MARTÍNEZ, Carlos (1978). Bogotá reseñada por cronistas y viajeros. Editorial Escala. Tomo II. Bogotá.

MARTÍNEZ, Carlos. (1983) Bogotá: Sinopsis sobre su evolución urbana. Editorial Escala Bogotá. Pág.32.

MARTINEZ CELIS, Diego y ALVARO BOTIVA CONTRERAS. (2002) Manual de arte rupestre de Cundinamarca. ICANH. Secretaria de Cultura de Cundinamarca. Bogotá.

MATIZ, Carlos H. (1945) Chia: la ciudad de la luna. Estudio histórico descriptivo. Imprenta departamental. Bogotá:

MENDOZA MORALES, Alberto. (1996) Pre-plan integral físico y ambiental de la cuenca alta del Río Bogotá. Sociedad Geográfica de Colombia- Academia de Ciencias geográficas-CAR. Bogotá.

MEDINA DE PACHECO, Mercedes. (2006) Los Muiscas, verdes labranzas, tunjos de oro, subyugación y olvido. Academia Boyacense de Historia y Fondo Mixto de cultura de Boyacá. Tunja.

MEDRANO, Fray Alonso (1600) (1958) Historia de la provincia de la compañía de Jesús de nueva España. Tomo II. Roma: Institutum Historicum S.J

MEJÍA, María del Pilar (2006) Monserrate, Guadalupe y La peña: Vírgenes, naturaleza y ordenamiento urbano de Santafe. Siglos XVII y XVIII. En Revista Fronteras de la Historia. ICANH.

MIRAMBELL, Lorena. (2001): El poblamiento de un continente: Los nómadas que vinieron del hielo. En Revista Muy Especial. Nº 54 otoño.2001. G y J España ediciones.

MONTANER, Montava María Amparo. Clasificaciones de la lengua Chibcha. En Julio Calvo Pérez (1994) Editor. Estudios de lenguas y cultura Amerindias I. Universidad de valencia.España.

MONTES, José Joaquín y Rodríguez de Montes María Luisa (1975) El maíz en el habla y la cultura popular en Colombia. Instituto Caro y Cuervo. Bogotá.

MONTES, José Joaquín (1978) Fitóminos de sustrato en el español del altiplano cundiboyacense y dialectos muiscas. Instituto Caro y Cuervo. Scparata tcsauros. Bogotá.

NIETO, Caballero Luís Eduardo. (1984) Amor a Colombia. Escritos escogidos. Tomo V. Biblioteca Banco Popular. Bogotá.

NOSSA, Monroy Carlos (1970) Aquimin el último zaque: de la historia al drama. Galería de autores boyacenses. Imprenta departamental de Tunja.

NOSSA, Monroy Carlos (1968) Hunzagua El Chibcha. Tipografía Antorcha. Bogotá. 1968.

OCAMPO LÓPEZ, Javier (2000) Historia Básica de Colombia. 8° Edición. Bogotá.

OLIVA DE COLL, Josefina (1980) La resistencia indígena ante la conquista. Siglo XXI Editores. Tercera edición Mexicana.

OLARTE REYES, Oscar (2006) Prisioneros del ritmo del mar. Estudios afroamericanos y relatos etnográficos. Imprenta Departamental. Gobernación de Nariño.

OSPINA, William. (2007) América mestiza el país del futuro. Editorial Nomos. Bogotá.

PALMA, Ricardo (1906) Mis últimas tradiciones Peruanas. Editorial Maucci. Barcelona.

PARDO DIAZ, Fabio Hernando (1996) Quinientos años de historia Chiguana. Impreso Litoformas Modelo. Bogotá.

PATIÑO, Diógenes. (1997) Arqueología y metalurgia en la costa pacífica de Colombia y el Ecuador. En Boletín museo del oro. Nº 43, julio-diciembre de 1997. Banco de la República. Bogotá.

PEÑA, José Segundo (1897) (1938) Antiguas fuentes públicas. Informe de la comisión permanente del ramo de las aguas presentado al concejo de Bogotá en 1897. En Boletín de Historia y antigüedades.

Órgano de la Academia Colombiana de Historia. Volumen XXV. Nº 280. Febrero de 1938.

PEREZ DE BARRADAS, José (1950).Pueblos indígenas de Colombia: Los Muiscas antes de la conquista. Tomo I Madrid.

PEREZ DE BARRADAS, José (1957). Plantas mágicas americanas. Instituto Bernardino de Sahagún. Madrid.

PINZON, Carlos Ernesto y Rosa Suárez. (1983) Curanderismo, el cuerpo y la brujería. Primer seminario de antropología médica y medicina tradicional. Bogotá.

POSADA, Eduardo (1906) Narraciones: Capítulos para una historia de Bogotá. Librería Americana. Bogotá.

POSADA, Eduardo (1929) Etimología de la voz Cundinamarca. En Boletín de historia y antigüedades. Bogotá.

POSADA, Eduardo (1957) Los puentes de Bogotá. En hojas de cultura popular Colombiana. Nº 80.

PRIETO MOLANO, carolina. (1994) Hasta la tierra es mestiza. Banco de la República. Bogotá

RESTREPO, Vicente (1895) (1972) Los chibchas antes de la conquista española. Atlas y anexos arqueológicos. Biblioteca banco Popular. Bogotá.

ROBINSÓN, David J. (1992) Mil léguas por América de Lima a Caracas

(1740-1741) Diario de Don Miguel Santiesteban. Banco de la República. Bogotá.

RODRÍGUEZ FREILE, Juan (1990) El Carnero. Edición de Gráficas Modernas. Bogotá.

ROJAS DE PERDOMO, Lucia. (1989).Manual de arqueología Colombiana. Carlos Valencia Editores. Tercera edición.

ROTHLISBERGER, Ernst. (1897) (1993) El Dorado. Publicado en Berna, en 1897 y reeditado en Colombia Presidencia-Colcultura en 1993. Bogotá.

ROZO GAUTA, José (2006) Bachue: Relación, mito, arte rupestre. www.rupestreweb.com

ROZO GAUTA, José. (1977)La cultura material de los Muiscas. Ediciones Ideas. Bogotá

ROZO GAUTA, José. (1997). Espacio y tiempo entre los Muiscas. Editorial .El Búho. Bogotá.

ROZO GAUTA, José. (1998) Alimentación y medicina entre los muiscas. Editorial Naidi. Bogotá.

Referencias

ROZO GAUTA, José (1988) Relatos de la antigua Bacatá. Editorial Nadie. Bogotá.

RUIZ-GALVEZ, PRIEGO María Luisa (1988) Prehistoria de España: Los orígenes. Biblioteca Iberoamericana, Editorial Anaya. Madrid.

SALDARRIAGA, Humberto (1974). Hubo una vez una Sabana...

Aproximación al estudio de la transformación de la sabana de Bogotá presentado al II seminario nacional de ecología. IGAC. Bogotá .Julio 24-28 e 1974.

SALVAT (1975) Historia del Arte Colombiano. Salvat editores. España.

SÁENZ SAMPER, Juanita. (1993) Mujeres de barro: estudio de las figurinas cerámicas de Montelíbano. En Boletín del Museo de oro. N° 34-35. Bogotá.

SCHOBINGER, Juan (1973) Prehistoria de Suramérica. Nueva colección labor. Barcelona-España.

SIMÓN, Pedro. (1625) (1953) Noticias historiales: En nueve Tomos .Ministerio de Educación Nacional. Ediciones de la Revista Bolívar. Editorial Kelly. Bogotá.

SIMÓN, Pedro. (1625) (1981) Noticias historiales de las conquistas de tierra firme en las indias occidentales. Biblioteca Banco Popular. Tomo III. Bogotá.

STANLEY, Long (1989): Matrices de piedra y su uso en la metalurgia muisca. Boletín Museo de Oro. N° 25. Banco de la República. Bogotá.

TOLEDO, Víctor Manuel. Hombre y naturaleza según la Etnobiología. Revista de Geografía Universal. Año 5. Volumen 9. N° 6. Edición Colombiana.

TRIANA, Miguel (1921) (1951) La Civilización Chibcha. Biblioteca popular de Cultura Colombiana. MEN-Editorial ABC. Bogotá.

TRIANA, Miguel (1924) (1972) El Jeroglífico Chibcha Anexo a la obra: La Civilización Chibcha. Editorial Carvajal. Calí. Reproducción Editorial Príncipe. Talleres salesianos de Bogotá.

TRIANA, Miguel. (1922) (1972).La civilización Chibcha. Editorial Carvajal. Cali.

URBINA, Fernando (1994) El hombre sentado. Mitos, ritos y petroglifos en el río caquetá. Boletín del Museo del Oro. N° 36. Banco e la República. Bogotá.

URICOECHEA, Ezequiel. (1871) Gramática, vocabulario, catecismo i confesionario de la lengua chibcha. Maisonneuvei Compañía. Libreros editores. Paris.

VAN DER HAMMEN, Th (1992). Historia, ecología y vegetación. Fondo FEN, COA, Araracuara, Banco Popular. Bogotá.

VAN DER HAMMEN, Th (1996). Plan ambiental de la cuenca alta del Río Bogotá. CAR. Bogotá.

VELANDIA, Roberto (1993) Descubrimientos y caminos de los llanos orientales. Colcultura. Bogotá.

VELANDIA, Roberto (1971) Historia geopolítica de Cundinamarca. Edición de extensión cultural. Auspiciada por la Lotería de Cundinamarca. Bogotá.

VERGARA Y VERGARA, Julio C. (1936) Los Planos más antiguos de Bogotá. En Registro Municipal. Tomo VI. Nº 73 a 96 Enero-Diciembre de 1936 .Págs.593 a 600.

VILLATE SANTANDER, German (1996) Los jutes una forma de conservación de alimentos que puede ser precolombina. En Boletín del Museo del oro. Nº 40.

VILLEGAS, Benjamín. Editor. (1985) El río Bogotá.

VILLEGAS, Editores (2000) Los Cerros de Bogotá.

WEISKOPF, Jimmy (2003) YAJÉ: El nuevo purgatorio. Villegas editores. Bogotá.

ZARAMA VÁZQUEZ, Germán (1999) Sombras y luces del carnaval de Pasto. Carnaval, Cultura y Desarrollo. Impresión Prisma III. Bogotá.

ZAMORA, Alonso. (1701) (1945): Historia de la provincia de San Antonino del Nuevo Reino de Granada. Segunda edición de la biblioteca popular colombiana. Ed. ABC. Bogotá.

ZERDA, Liborio (1882) (1972) El Dorado. Tomo I y II. Biblioteca banco Popular. Volumen 38 y 39. Bogotá.

Contacto

Si quieres contactar al autor, Armando Rosero Diago podrás hacerlo directamente en nuestra página web o a al teléfono móvil en Colombia de contacto: (+57) 310-3209915 /
Correo electrónico: armandoroserodiago@gmail.com.

Página web: www.ceileditorial.com/armando-rosero-diago

Muchas gracias.

EL

SU

MHUYS

HISTORIA

QA

Editorial

"De los diversos instrumentos inventados por el hombre, el más asombroso es el libro; todos los demás son extensiones de su cuerpo... Sólo el libro es una extensión de la imaginación y la memoria".

Jorge Luis Borges.

Gracias por leer este libro
En Ceileditorial.com encontrarás otros libros recomendados.
Únete a nuestra comunidad y espera un nuevo libro de autores únicos
que desean hacer de este mundo un lugar mejor.